U0993582

王士菁纪念集

北京鲁迅博物馆 编

人民文学出版社

图书在版编目(CIP)数据

王士菁纪念集/北京鲁迅博物馆编. —北京:人民文学出版社,2018
ISBN 978-7-02-014589-8

Ⅰ.①王… Ⅱ.①北… Ⅲ.①王士菁(1918—2016)—纪念文集 Ⅳ.①K825.6-53

中国版本图书馆 CIP 数据核字(2018)第 204402 号

责任编辑 徐广琴
装帧设计 黄云香
责任印制 王重艺

出版发行 人民文学出版社
社　　址 北京市朝内大街 166 号
邮政编码 100705
网　　址 http://www.rw-cn.com

印　　刷 天津千鹤文化传播有限公司
经　　销 全国新华书店等

字　　数 213 千字
开　　本 880 毫米×1230 毫米 1/32
印　　张 8.625 插页 7
版　　次 2018 年 12 月北京第 1 版
印　　次 2018 年 12 月第 1 次印刷

书　　号 978-7-02-014589-8
定　　价 59.00 元

如有印装质量问题,请与本社图书销售中心调换。电话:01065233595

王士菁先生九十五岁生日照(2013年)

1949年7月工作证件照

1951年王士菁夫妇合影

1951年在工作时留影

1970年在湖北咸宁文化部五七干校(向阳湖)

1973年在广西大学与中文系师生一起研究鲁迅著作

1981年在印度访问,参加纪念鲁迅诞辰一百周年活动

1983年1月在成都锦江宾馆，与《鲁迅大辞典》编委会成员合影

1986年3月，在纪念《鲁迅研究》创刊十周年活动中与专家交流

1987年10月16日，在“鲁迅周作人比较研究学术讨论会”上与专家合影

2010年春节全家合影

王士菁著《鲁迅传》

著作书影

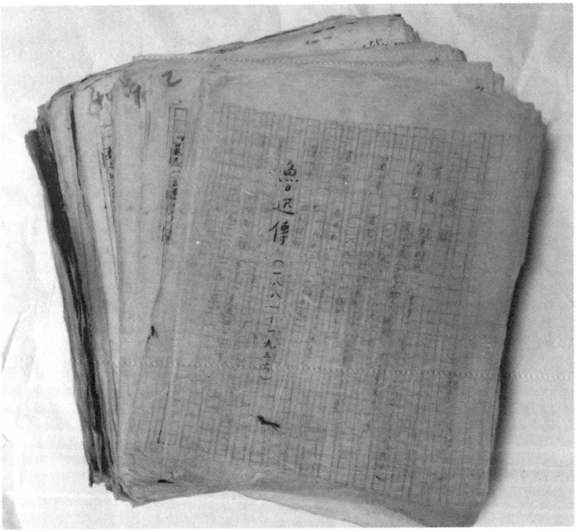

《鲁迅传》手稿

目　录

永远的纪念

来往书信选编

生平、年表、著译作品目录(附悼词挽联)

永 远 的 纪 念

为好友王士菁送行

马识途

“王士菁叔叔走了。”2016年10月，我的女儿翠兰从北京打电话来，说是王士菁的女儿王宁告诉她的。后来，又用快递将王士菁的生平及追悼词发了来。翠兰告诉我这个噩耗时，小心翼翼地，生怕我这个一百零二岁的老人闻讯伤悼。其实，这几年，我这个近瞎渐聋、疾病在身的老人所历伤逝多矣。

对于士菁的辞世，也早有预感。几年前，我到北京，去他家看望他，这个我们过去相见一直高谈阔论文学的友人忽然变得沉默寡言，有些呆呆地又是微笑地看着我，好像想说什么又难以启齿。那时我就明白，这个老朋友大概要告别而去了。所以我现在听到他的噩耗，并不惊诧。士菁离我们而去了，他高龄近百，寿终正寝，无所愧怍。我安心地送他远行，只是我和士菁相交几十年，往事历历，不免涌上心头。

我是在上个世纪1941年在昆明西南联合大学和士菁初识的。那时，他叫葛秉曙，和我一样，曾读外文系后转中文系毕业，只是他高我两级。我还记得，当时日本飞机来轰炸，我们都逃到后山林中。我看见一个看来岁数比较大的同学，在日机轰炸声中，却还专心致志地在那里看书。我当时也是二十七岁的大龄学生，也带有书在那里读。这样，我们两个便自然有种亲和力。我们坐在一起，互相自我介绍，但没有说太多的话，都专心读自己的书了。后来在校园里，我们见面，也只是点头之交。

有一次，我看到他正在读鲁迅的书，我自己也是很喜读鲁迅的杂文的，于是不免谈起鲁迅来。他说研究鲁迅的文章不少，可是至今未见到一本完整的鲁迅传，深为遗憾。他还告诉我说，他很想就那些研究鲁迅的各种著作和他研究的成果，为鲁迅立传。我当然表示赞同，鼓励他大胆地来写，不要怕自己是无名小卒，也可以胸怀大志。没料想我才这么说，他却从他的书包里掏出一摞稿纸，递给我看，说是他尝试写出的部分鲁迅传的初稿。我不免有点诧异，等我翻看一部分，却是大为惊奇。这个后生小子，竟还真有这样的胆量。全国那么多鲁迅的友人、崇拜者、文化人，都无人尝试为鲁迅写传，认为兹事体大，不敢开笔，可我眼前这个中文系的名叫葛秉曙的学生，竟写出这么一摞《鲁迅传》的稿子，还敢于拿出来给他人看，就这一点，叫我敬佩不已。

士菁的"初生牛犊不怕虎"的精神感动了我，我也在中文系的习作中写了几篇小说。我比照果戈理的《钦差大臣》，依样画葫芦地把我亲见的事写成题为《视察委员来了》的小说，我没有胆量拿出来给同学们看，却给了士菁看。士菁看后，大为称赞，认为我才从鄂北抗战前线归来，有许多见闻，鼓励我把这些见闻也写成小说。于是我真的写了一部有二十万字名叫《第一年》的小说。是写抗战头一年，一个普通农民在抗战中由初始畏惧到英勇战斗的成长过程。我写后没有拿给别的同学看，因为士菁能把他的《鲁迅传》初稿拿给我看，我也就有勇气把我的《第一年》的初稿拿给他看。士菁拿着我的稿子，看得非常认真，在稿纸边上还注写了许多好的改进意见。只是可惜的是，我在大学毕业后被党组织调离昆明时，出于党的地下秘密工作的纪律，不得不将原有的带有文字的全部物件都焚毁，那些我在西南联大的一切文字习作也全部焚尽，《第一年》这篇稿子自然也未能留下。不过，这个故事却一直留在我的脑中。

士菁在西南联大高我两个年级，自然比我先两年毕业。他毕业后，我们再没有来往，我不知道他后来去了哪里，做什么去了，直到他在上海出版了由鲁迅夫人许广平为之写“序”、鲁迅胞弟周建人为之写“后记”的《鲁迅传》，我才知道，他一直没有放弃对鲁迅的研究。我读了士菁写的这本《鲁迅传》，大为兴奋。这期间他给我来过信没有，现在记不起来了，只是听说冯雪峰欣赏他，调他到上海鲁迅著作编刊社，专门从事鲁迅研究。1952 年编刊社随冯雪峰调到北京，编入人民文学出版社，从事鲁迅研究和出版《鲁迅全集》这样的大工程。

记得他到北京后，一次我到北京开会，曾到他在东城的一个旧式小院里去看望过他。我们久别重逢，欢欣不已。我见他学有专长，术有专攻，又遇知遇之人，专心一致地做出了当时许多尊重鲁迅的学者名人都没能为鲁迅立传的大家所期盼的功德无量的事，为学界瞩目，很是为他高兴。回视自己，和他一样曾在西南联大中文系毕业，却因毕业后东奔西走，后又从事行政工作，将学业完全荒疏了。在他的面前，我是既惭愧又妒嫉。

从此以后，我们隔行，只是有信件往来，他也来过成都和我相会，我每到北京都会去看望他。最叫我难以忘怀的是《鲁迅全集》一出版，他就给我寄来一套精装的《鲁迅全集》，我通读一遍，包括他和几位专家那呕心沥血费十年之功完成的注释。这其实是研究鲁迅的丰硕成果。这一套书伴我终身,现在还在我的书架上。

后来他担任许多学术研究职务,出版了许多部书,甚至还有一本故事新编式的小说作品。这些我不必细说。使我最吃惊的是上个世纪六十年代的某一天,我忽然在报上看到他名列黑名单,说他是十七年文艺黑线的追随者和实行者,为那条"四条汉子"的注释,几乎"罪大恶极",于是受到长期的关押和批斗。我那时也因为涉足文坛,陷牢狱之灾,对他只有悬念,却毫不知情。他平反我也平反后,我一到北京便到他家里去看望他,相见少言,唏嘘不已。

其后士菁有专著立刻寄我,我有作品出版也会立刻寄给他。我每次到北京必定会去他家看望他。他还是温文尔雅的样子,和我相会时开怀笑说往事,总不离谈及有关鲁迅的事。他还曾带我去过他担任馆长的鲁迅博物馆参观。

士菁的一生是和鲁迅分不开的,我不只说他的研究成果,更要说他一生被鲁迅精神浸透,可以不夸张地说,中国研究鲁迅的泰斗人物中是少不了王士菁其人的。

士菁以九十八岁高龄离开了这个世界,明年,将是他诞辰一百周年,鲁迅博物馆和他家里的人准备编一本纪念文集,向我约稿,这自然是义不容辞的,所以就有了这篇悼文。

2017 年 9 月 20 日

(作者系著名作家,原四川省文联主席、作协主席)

一位著作等身诲人不倦的淹博学者

——漫忆王士菁先生

张小鼎

数十年来，自己的工作岗位虽常有变动，包括“文革”后期和七十年代末，曾两次被借调国家文物局完成临时指定的任务在内；但基本上还是以从事鲁迅和中国现代文学的编辑与研究工作为主，所以有幸先后结识许多文坛前辈、教授、专家与学者。王士菁先生，便是我所景仰、认识较早且多年不断给我工作、学习以亲切指导和热情鼓励的著名学者与鲁迅研究专家之一。

（一）

上世纪五十年代后期还在高校求学时，我就听说王士菁先生是中国人自己撰写的第一部《鲁迅传》的作者，许广平和周建人曾欣然分别为之作《序》与《后记》，给予充分肯定和推荐。因之对先生的大名，印象较深，十分钦佩。但当时却无缘觅找拜读这部写作于战乱时期，直到1948年方才面世、具有开创性意义的《鲁迅传》。

1957年“反右”运动后，高校从拔“白旗”批知名老教授，到土法上马大炼钢铁，直至“反右倾”批彭老总，一连串的运动，将高等学府师生正常的教学与学习秩序彻底打乱。当时渴求知识的我既不能退学改行，又不能像“反右”前随心所欲、自由自在借阅古今中外名著浏览欣赏，心中非常烦躁苦恼。

1959年秋的一天，在新华书店偶然看到人民文学出版社出版的《唐代诗歌》，意外发现署名却是王士菁，不免脑海闪过一念：难道这是《鲁迅传》作者的最新学术著作吗？当即毫不犹豫购回，悄悄地、兴致勃勃地阅读起来，此书简明扼要条理清晰地从初唐四杰的“王、杨、卢、骆”，写到盛唐伟大诗人李白、杜甫，直至中唐白居易，晚唐李贺、杜牧、李商隐等人。总之举凡风格独特的有名诗人和代表作品，书中均有言简意赅的介绍与评价，对当时青年学子来说无疑是一本鉴赏唐诗的很好入门书。记得“反右”前上大一时，政治气氛宽松，学术氛围较浓，我除如饥似渴阅读法、俄、英、美的西方名著外，还曾坚持背诵过一些唐诗名篇，但除李白的《将进酒》《蜀道难》和白居易的《长恨歌》《琵琶行》等少量长诗外，大都是五、七言绝句与律诗；而从王先生这部书中，却第一次惊喜地欣赏到以前一些唐诗选本中很少提到的张若虚的《春江花月夜》与刘希夷的《代白头吟》（含佳句“年年岁岁花相似，岁岁年年人不同”的名诗）。尤其是张若虚的极富哲理引人遐想的千古名句“江畔何人初见月，江月何年初照人”，读后心灵异常愉悦，仿佛刚品尝从未享用过的一次精神上的盛宴，十分欣喜，激动不已，与王先生虽尚未相识却油然产生一种亲近感。

多年以后与先生相熟闲谈时，说及此事，他听后淡然一笑，竟谦虚地说:“这本书是大跃进年代,由于王任叔社长的建议和一再催促鼓动下,用了三个月时间,勉力匆匆赶写的!”言下之意,这似乎是当时“赶政治任务”的产物,并非什么学术专著,不值一提。此后,先生陆续赠我《杜诗今注》(1999 年巴蜀书社)、《唐诗类选》(2006 年人文社)、《诗圣杜甫》(2011 年河南大学出版社)等多部专著。此时我方知悉先生不但对唐诗极其熟谙,功底深厚,且还著有《唐代文学史略》、以唐明皇与杨贵妃为历史题材的小说《雨霖铃》、以太平天国为背景的长篇小说《小天堂的毁灭》,以及《中国文学史——从屈原到鲁迅的通俗讲话》,还有我意想不到的专著《中国字体变迁史简编》(文物出版社 2006 年版)等。真是学问渊博,著作等身,令人赞叹!

这一部部闪耀着学术智慧与创作才情的图书,雄辩有力地证明先生对中国古典文学与源远流长的传统文化,也有深厚学养与精深研究,所以他不仅仅是“著名的鲁迅研究专家”,而且还是一位博古通今的严谨学者与历史小说作家。

原来先生早年是在西南联大的外文系求学,后因仰慕著名诗人、学者、教授朱自清和闻一多的淹博学识,而转入中文系,并在他们的指导下,刻苦扎实地攻读中国古典文学与传统文化。这就不难理解上世纪六十年代,先生出任国家级人民文学出版社副总编辑,在主抓鲁迅著作编辑工作时,也曾付出相当精力与心血,负责主持中国古典文学的工作,出版了《中国古典文学读本丛书》等很受欢迎、影响较大的许许多多精品图书。

(二)

上世纪六十年代初,我来到北京鲁迅博物馆工作,开始循序渐进地阅读 1958 年十卷本《鲁迅全集》,以及许寿裳、许广平、冯雪峰等人回忆鲁迅的重要著作。而 1959 年中国青年出版社所出王士菁的《鲁迅传》,虽是并不很厚的十几万字著作,却多次再版,后又译为英文、朝鲜文、孟加拉文,影响深远,自然是我们案头必备可供随时查阅的学术参考书。

初次见面,先生给人第一印象似乎是一位比较严肃、十分庄重的学者;多次接触后,方知先生是一位非常平易近人、和蔼可亲、诲人不倦的专家和长者。当年博物馆曾和对外文委联合筹备一个赴日本鲁迅图片展,为此先生曾多次来馆指导工作。当时中日尚未建交,赴日鲁迅图片展无疑具有促进两国民间友好交往的重要政治意义,所以,先生审看图纸小样时,对与鲁迅有过较多交往的日本各界友人图片资料,尤为关注,并多有建议和指教。

当时对此类文献资料尚十分生疏的我,听后很受启发,引起重视。后来意外见到《鲁迅书简补遗(致日本人部分)》(吴元坎译,1952 年 1 月上海出版公司初版,收信 88 封),便如获至宝地阅读起来,并曾与先生谈起。不料先生竟严肃认真地告诫说:"读这些书信与鲁迅的中文书信不同,它是经过译者从日文翻译过来的,不但文笔风格与鲁迅本人相去甚远,它是否完全忠实准确表达鲁迅日文原信内涵?有没有误译?这些都很难说。再有收信人背景各不相同,尤其是我们现在并不掌握日文原信手稿,日方收信人发表或出版时因种种原因,是否作过删节甚至个别修改,目前都不清楚……所以必须用分析眼光,参照《鲁迅全集》中有关文章来阅读、思考,万不可盲目全信。"

进入二十一世纪,在鲁迅诞辰一百二十周年前夕,经有关方面批准,组织成立了专门机构,对 1981 年版十六卷本《鲁迅全集》进行全面修订。王先生和黄源等老专家被聘为顾问,我作为众多的编委之一也有幸参与修订工作。其间,王先生又再次强调对从日文翻译过来的鲁迅书信,一定要谨慎对待。所以2005年版十八卷本《鲁迅全集》中致日本人书信,均先刊印日文原信,后刊译文,再作注释,以便广大读者和懂日文的研究者与专家可对照阅读。

在我学习十卷本全集时,先生又曾告知,鉴于五十年代时中苏的特殊关系,为尊重苏联老大哥,1958年版《鲁迅全集》中涉及托洛茨基的某些文字曾被删节。同样《鲁迅译文集》中(如班台莱耶夫的小说《表》中曾描写墙上挂有托氏的照片)也有个别删节。经先生点拨提醒,我方知道,不但研究古典文学存在版本、校勘以及避讳等问题,必须具备一定基础知识,方能少走弯路;即便从事看似较为单纯的现代文学研究,由于诸多原因或时代局限,也依旧存在这方面的问题,必须予以足够重视。

1999年7月,人文社推出煌煌四卷精装本的《鲁迅辑录古籍丛编》,作为对共和国五十华诞敬献的一份厚礼。王先生收赠样书后,仿佛见到久别重逢的老友一样,异常喜悦。他十分感慨地说:其实上世纪五十年代继全集与译文集出版后,三卷本的古籍丛编也已编好并打成纸型,曾向上级打报告准备出版。不料当时炙手可热的权势人物康生却说:"现在是大跃进时代,一切要为政治服务,应该厚今薄古。"所以丛编被迫搁置下来,没想到一放竟推迟了四十年。现在由林辰先生主持的一百六十万字古籍丛编终于面世,必将进一步推动"鲁迅学"的深入研究,值得庆贺。

(三)

1975年10月28日,鲁迅哲嗣周海婴就出版《鲁迅书信集》和增设鲁迅研究室等问题上书毛泽东。11月1日得到最高领导的

"赞成"批示。翌年2月27日南开大学李何林教授奉调赴京出任鲁迅博物馆馆长兼鲁迅研究室主任,暂借西黄城根北街二号为办公地点,研究人员将通过中组部由北京和全国各地调集。我因工作急需,每周六天,各占一半,分别在研究室与博物馆两边上班。当时传闻王士菁不久亦将调京主持新版《鲁迅全集》的出版工作,不少研究人员均为此感到高兴。

正是在西黄城根鲁研室,我有幸认识久闻大名、铁骨铮铮的"胡风集团"成员牛汉。身材魁伟的诗人时常前来为刚创办的《新文学史料》约稿。这时我的"工作调动选择"恰巧正处在十字路口。原来因两边上班,发现不但博物馆与鲁研室因工作性质与任务不同而存在一些矛盾,且"文革"遗留的"派性"余毒还严重影响工作与人际关系。一次回馆工作,意外听到有关鲁研室"南开帮"的难听"流言",颇为吃惊。原来研究室此时从全国各地正式调进和借调的老、中、青教授、学者已经不少,真可谓群英荟萃人才济济,其中来自各地的南开校友就有四位。博物馆原副馆长曾允诺,忙完鲁迅百周年诞辰的陈列后,就彻底放我进鲁研室工作。我想到那时,南开人又添一位,流言蜚语肯定会更多,这是我绝对不能忍受的。思之再三,深感是非之地,不可久留,决心"三十六计,走为上计"。

很快,一研究单位、某高校、人文社的鲁迅著作编辑室均曾拟调我前去工作。半路改行,是件大事,我正考虑如何"扬长避短、慎重选择"时,牛汉得悉后,很热心诚恳地找我长谈。告知"文革"中曾被诬陷为"大叛徒"的瞿秋白烈士业已平反,党中央决定组织力量出版十几卷本的《瞿秋白文集》,其中"文学编"六卷本责成社科院文学所与人文社合作完成,而领导小组负责人正是王士菁和他,热情鼓励我参加编注工作。一想到能在王先生与他直接领导下，从事我非常崇敬的党的早期卓越领导人“文集”之编注工作，实在机会难得，极其荣幸，十分欣喜。这样通过组织关系，于1980年11月被借调到设在人文社的“瞿编组”工作。

《瞿秋白文集(文学编)》小组的成员来自四面八方：包括秋白女儿瞿独伊和侄子瞿兴华(瞿勃)，以及杨之华的秘书，还有其他单位的几个同志。王士菁和牛汉曾召集会议，向大家正式传达中央精神，“文集”由“政治理论编”和“文学编”两部分组成，前者负责人为温济泽和丁守和。“文集”顾问是李维汉、陆定一、周扬；全部工作在胡乔木领导和中央文献研究室帮助下开展。作为“文学编”负责人，王士菁、牛汉分别侧重主抓编注与出版。

王先生非常重视实地考察与第一手资料的搜集。不久，先生派我与文研所及中央党校有关同志共三人，一同出差南下“调研”，行前与我们共同拟定行程路线和采访对象：前往秋白诞生地常州和求学、生活、工作过的地方，采访相关人士(含亲属友人、专家教授、政府官员，以及刚出狱不久尚待正式平反的所谓“叛徒”“特务”“反革命”等各式各样人物)，进行磁带录音与照相，以便多视角、全方位地了解秋白的治学为人与革命业绩。三人又分头跑档案馆与图书馆查阅报刊佚文材料，这样前后跨越南方数省，途经十多个城市与乡镇公社，历时两个月(1981年10月28日至12月29日)。这一段调查采访虽相当紧张劳累，但收获甚大，不但为文集编注工作打下较扎实的基础，并为以后常州瞿秋白纪念馆及时抢救保存了一批珍贵的口述史实鲜活资料(其中包括刚释放出狱不久，给我们留下深刻难忘印象的某些身份经历特殊的人士：如被周恩来称为“我党百科全书”的原中共特科成员、影视作品《风声》的原型黄慕兰女士，参与创建“少年共产党”、参加过“八七”会议、后成为知名托派人物的郑超麟先生等等)。同时，也使我们对史无前例的“文革”浩劫，给现代中国带来的空前灾难和巨大创伤有了更切实的感受与深刻认识。

上世纪五十年代，人文社曾出版以冯雪峰为主、王士菁协助编注的四厚册《瞿秋白文集》。新版“文学编”明确要以四卷本为基础，认真鉴别新发现的著译佚文，吸收学界的研究新成果，重新增补注释后，扩编为六卷本“文集”出版。王先生主持指导我们三人编注时，一再强调，“文集”带有文献性，为了对读者和后代负责，一定要想方设法查找秋白解放前出版的各种著译初刊本；未公开发表的散篇著译要尽可能核对从档案馆复制的手稿，特别是最后的“改定稿”。

记得 1955 年高二暑假，我从北京返郑州探亲，在市图书馆初次看到开本大小装帧设计堪与《毛泽东选集》相媲美的《瞿秋白文集》时，真是眼前一亮，惊喜不已。特别是他功勋卓著的革命业绩与高尚人格和优雅气质，都深深感染着我，便一连数日坐在温馨的阅览室里持续看完《饿乡纪程》与《赤都心史》这两部文笔优美的报告文学名著，留下很深刻的印象。

当我们注释《赤都心史》，对照商务印书馆 1924 年 6 月初版本核校时，惊奇地发现原书为四十九节，而五十年代“文集”则变为四十六节，删去了第十四节《“死人之家”的归客》、第二十一节《新资产阶级》、第二十四节《民族性》。特别是“文集”中题名《列宁》的那篇文字曾入选有关课本教材，广为流传，不少知名学者还纷纷撰文，盛赞秋白文章构思布局如何巧妙，寥寥数笔，以生动传神的特写镜头，栩栩如生地刻画了伟人列宁的感人形象；而此书第十八节原文全标题则是《列宁杜洛次基》。其中有关杜氏演讲丰采以及会见秋白等外国记者时同样的精彩描写数百字则统统被“拦腰”砍去。这样，如对照山东某师院编辑出版的现代作家研究论文目录，上述不少秋白研究者精心撰写的类似论文，由于依据版本存在的严重瑕疵，其艺术分析无异于废纸一堆。

众所周知，秋白和雪峰于上海左联和江西瑞金苏区时曾结下深厚友谊。新中国成立后，雪峰是怀着深深的战友之情，精心编注秋白烈士的遗著，缘何会出现这样令人困惑费解的问题呢？王先生的回忆讲述，为大家解开了这个谜团。原来解放初期，我国曾将二十卷本《鲁迅全集》主动赠送苏联有关方面，以示友好与文化交流。不料其后竟然遭到极不友好的回复与严厉指责，甚至发生意想不到的麻烦。起因竟然是由于全集第十七卷中载有鲁迅据日文转译的当年托洛茨基等人对苏联文艺工作的意见，从而引发对方的不满与指摘。冯雪峰等人对这种大国沙文主义的无理责难，自然完全不能接受，在编注秋白文集时涉及托洛茨基等文字仍然原文照排。但后来上级有关方面指示，为了中苏两国“友谊”和“团结”，还是要给老大哥留点“面子”，所以有关“杜洛次基”以及较敏感、容易引起误解的文字段落就被删去。这可说是外因的干扰“肢解”了秋白烈士的佳作，给当年的《瞿秋白文集》留下了明显的“伤痕”。

实际1953年11月至1954年2月出版的《瞿秋白文集》，还有某些细小删节是来自那时“左倾”思想与不少条条框框的制约与束缚。如《荒漠里——1923年之中国文学》，秋白曾非常客观地并列提及鲁迅的《呐喊》与周作人之《自己的园地》，“文集”中后者人名与书名均被删去。又如1933年所作讽刺性很强的杂文《择吉》，提到五月五日是“四个吉祥”的日子，它分别是“‘犹太秽种’马克思的生日”，“一二·八”战后《上海停战及日方撤军协定》，等等。编入“文集”出版时，打引号的“犹太秽种”一词即被删掉。类似例子相当不少。这可说是内因——二十世纪五十年代的意识形态与思维模式给《瞿秋白文集》留下的时代印痕与瑕疵。因之不难理解,当初王先生为何一再提醒我们,定要认真校勘,尊重历史,——恢复文本之原貌,他的谆谆教诲实在及时而重要。

为了彻底驳斥林彪、“四人帮”和康生一伙,在“文革”浩劫中对秋白的严重歪曲与肆意诬陷,二十世纪八十年代初,王先生开始撰写《瞿秋白传》。这部约十四万字的书稿于 1982 年 5 月赶写完毕,并在秋白烈士英勇就义五十周年前夕面世(四川人民出版社 1985 年 5 月版),首印 23700 册,起到拨乱反正廓清迷雾、还原历史真相的作用;是一本面向广大读者特别是青年一代,概括扼要介绍秋白一生丰功伟绩,进行革命传统教育,带有普及性质的历史人物传记。

关于《瞿秋白文集》的入编标准,据中央指示精神,也有两条原则必须遵守照办,即:有关共产国际问题的不收;有损瞿秋白形象的不收。前者与“政治理论编”关系较大,后者对“文学编”来说,显然主要是指与“文革”中被歪曲批判之《多余的话》和狱中所写某几首旧体诗词相关。

果然在热烈讨论是否收入《多余的话》——秋白告别人世前夕于福建长汀狱中特殊情境下,以曲折隐晦笔法,坦诚剖析自己心路历程的同时,揭示党内王明路线的严重危害,实际应视为留给中共中央的最后“遗书”——也形成两种对立意见。以牛汉先生为代表的几位,坚决主张以加“编者按”的特殊方式收入“文集”,供世人深入分析研究,方可得出理性的客观全面的公正结论。

因为早在上世纪六十年代初,香港就出版过记者司马璐东拼西凑歪曲失实的《瞿秋白传》。传闻后来最高领导看过此书所附《多余的话》后,就曾指示中宣部部长陆定一说:《多余的话》我看不下去,以后宣传烈士不要宣传瞿秋白了,要多宣传方志敏。我依稀记得大约是1964年，鲁迅博物馆和中国革命博物馆的陈列中，有关瞿秋白的图片资料突然撤下不少，当时大惑不解，后来方听到上述传闻。因之，另一种意见认为，虽然秋白确曾写过此文，但至今未发现原稿手迹，现在流行文字不能排除国民党特务机构有所篡改；且因文章格调低沉，"文革"爆发后，就被看成"自首变节书"，成为定秋白为"大叛徒"的所谓最重要"罪证"，故仍以不收为宜。

据我记忆，当时主持会议的王先生并未急于发言表态，他始终沉稳冷静，充分发扬民主，鼓励大家畅所欲言，在耐心听取双方观点后，方总结说：收不收现在不做定论，我将把大家争论的不同意见全面如实向上级领导、顾问请示汇报。过了一段时日，果然将上面决定仍不编入"文集"的有关批示传达给我们。

随着时间的推移，情况在不断变化。为了力争入编"文集"，小组成员瞿兴华还以笔名林勃，精心撰写了《并非"多余的话"》论文，他面交人大代表李何林，恭请先生设法转呈中央有关领导审阅。何林先生果然于1984年10月9日专门致函胡乔木与邓力群，力主《多余的话》可加编者"按语"收入"文集"（见《李何林全集》第五卷第320—321页，河北教育出版社2003年11月版）。数年后，原顾问八十五岁高龄的陆定一在自己"文集"的《自序》中，高度评价秋白革命一生卓越功绩时，也正确阐释了《多余的话》深刻内涵，检讨了过去的错误认识，并为自己现在已无法"把这种想法，向毛主席、周总理报告和请示了"而深感歉疚和遗憾（《陆定一文集》，人民出版社1992年2月版）。又数年，《多余的话》终于以"附录"名义编入《瞿秋白文集（政治理论编）》第七卷，与研究者和世人公开见面了。缘何改变决定，第八卷的"编后记"作了重要的概括说明。当牛汉、王士菁和我们收到赠书时，大家都深感欣慰，非常喜悦！

（四）

作为著名的老一辈鲁研专家，王士菁不但与北京、上海、绍兴等各地鲁迅博物馆、纪念馆保持经常、广泛的联系，筹划陈列展览与指导工作，培养了一批从事博物馆事业的专门人才，而且还鼓励各地中青年鲁迅研究者钻研和写作，为他们的新著撰写序言，热情推荐和奖掖，其中不少人已成为当今鲁研界的知名学者和专家。

作为耗时二十多年、几经周折方才定稿出版的《鲁迅大辞典》之副主编，王先生也付出许多精力和心血。他曾先后打报告给上级领导，汇报进展情况，申述所遇困难，通过林默涵批示拨下专款，作为继续开展工作的经费。对于借调来京参与工作的同志，也是十分关心倍加爱护的。上世纪九十年代初马蹄疾（陈宗棠）、颜雄、徐斯年三人来京住人文社，参加大辞典修订工作，生活相当清苦，办公室西晒，每天食堂午餐是食之无味的大锅饭菜，早、晚与周日吃饭问题还需自行解决。王先生知悉后主动设法联系邻近的国家语委招待所和食堂，希冀稍稍改善他们的工作环境与生活条件，但虽是最低收费标准却终因经费不足，未成，先生深感遗憾与不安，屡次对我提起。后来，他有时在家中备些好菜，以邀请三人前去交谈工作为名，留住就餐；马蹄疾每次回社对我说起，总是感念不已。

大约是1980年5月间，我受鲁研室顾问海婴先生电话再三邀约，实在无法推辞，只得暂别红楼国家文物局归来，与同事陈漱渝、孙瑛、叶淑穗密切合作，共同编撰《鲁迅画传》。感谢海婴的信任与支持，让我在其府上清静舒适的环境中工作半月有余，在匆匆起草了较细致的编辑提纲，与选用海婴珍藏多年的重要文物图片后，就赶往王士菁家中，请其审阅，严格把关。王先生仔细审读后，对提纲和选用图片均提出中肯的补充与调整意见。为了弥补画册的局限，王先生赞同我们邀请一些鲁迅亲友和研究者撰写精练专文，多方面介绍宣传鲁迅精神和业绩，附在画传后面，使之图文并茂，增强读者鉴赏学习兴味。为此，王先生不但很快交来《鲁迅和他的读者》一文，还叮嘱我务必邀请戈宝权、曹靖华、唐弢、李何林等撰文。之后，漱渝、孙瑛、淑穗，我们四人齐心协力分工合作，各自抽暇赶写图片的文字说明与有关文章等任务，按时交稿；又恭请茅盾题签，宋庆龄作序，由人民美术出版社于 1981 年夏用中、英、日三种文字分别出版，以纪念鲁迅先生的百年华诞。

※ ※ ※

年高德劭著作等身的王士菁虽是海内外闻名的学者和作家，但衣着朴素，心地宽厚，平易近人，丝毫没有教授和名人的“架子”。这里略记几件平凡小事，可见一斑。

二十世纪八十年代，先生欣喜找到一篇秋白的佚文，为赶时间和减轻编注者的工作负担，他竟将这一万数千字的长文，亲手抄毕校对后交给我们。1995 年夏，马蹄疾来京改稿，与我相约拟同往看望先生。接电话后，先生高兴地对他说：你工作忙，不用来，晚饭后我散步去找你们谈天。那晚先生果然前来，三人挤在马蹄疾约七平米的工作兼休息的狭窄斗室里（原为电话间），随意漫谈起来。话题从《鲁迅大辞典》中的众多人和事逐渐展开，偶尔延伸涉及到词条撰稿者中的某些人与事，最终扩展至当下学界与文坛的诸多信息。不知不觉，以先生为中心的三人漫谈很快过去了两小时余，我们提醒说公交车渐少了，但谈兴正浓的先生，竟连水也未喝,与我们交流又近一小时,且似乎意犹未尽。待我们送其去车站时,先生说还是步行好,锻炼身体,于是在凉风习习、行人稀少的南小街上,我们又边走边谈 ,很快看到了先生的家 。

先生临近九十华诞时,鲁博等单位领导曾拟联合举办学术座谈会,向其祝寿表示敬意。为此一再征询其意见,不料竟被一生笔耕不辍却向来淡泊名利的先生断然谢绝,他曾极其郑重地表态说:即使你们开会,我也决不会前去出席。治学严谨,为人低调的先生,面对当下学术界的一些不正之风,包括媒体无原则吹捧某些作家、学者,乃至将“大师”一词随意廉价奉送,几近用滥,也很不以为然。他一生不抽烟,不喝酒,心态乐观,主张一切“顺其自然”。晚年因耳背基本谢绝社会活动,家中饮食起居十分规律,每日除适当锻炼外,十分珍惜时间,仍然是窗明几净的书桌上清茶一杯,自己伏案看书写作,真正践行了“活到老,学到老,写到老”。

王士菁先生在饱经长达一个世纪的人间沧桑世态炎凉后,于睡梦中悄然仙逝,离我们而去,渐行渐远,走向了天国。然而青山常在,绿水长流,他的精神和著作将流传后世,长存人间。

2017 年盛夏于北京天通苑

（作者原系人民文学出版社编审）

永难忘怀的良师益友

| 金　涛

王士菁与我虽然彼此一直以“同志”相称，而实际上他是我名副其实的导师。

我与士菁同志相识于湖北咸宁中央文化部五七干校时期，而相交则是在1973年6月以后在广西大学共事的五年多时间里。他于1979年初调回北京工作，我则继续在广西大学工作至1986年，而后调到浙江宁波大学工作。1979年以后我们虽天各一方，却一直保持着联系，历年都有书信往来，其间也有过多次相会。

我们于1969年9月下放到湖北咸宁中央文化部五七干校，人民文学出版社为十四连，中华书局为十六连，同属一个大队，同住一个山坡。人民文学出版社名人较多，有冯雪峰、萧乾、孟超、王士菁、韦君宜等。王士菁是我国第一部《鲁迅传》的作者，又写过唐代诗歌的研究专著，我在北师大中文系本科读书时听过他来校做的鲁迅研究讲座课，因此就比较关注他。在向阳湖的农田里，经常看到他在犁地耙田，动作颇为熟练，宛如一位憨厚的老农。后来一部分人调回北京恢复出版业务，在干校的人少了，十四连与十六连合并，士菁同志与我就同在一个食堂吃饭，同在一起干活，这样就彼此相识了。

1973 年上半年，广西壮族自治区派人到我们干校招募人才。由于他们开出的条件比较好，有数十人报名前去工作，仅到广西大学中文系的就有十多人。在这十多人之中，士菁同志最年长，原先的职位也最高，又被任命为中文系主任，因而大家都很敬重他。不过由于大家都新到一个地方，无亲无故，就把从北京一起来的同志视为亲人，也就不分年龄大小、职位高低，彼此都以“同志”相称，来往也比较密切。

我与士菁同志在工作上深入交往，那是在参加鲁迅著作注释小组以后。1976 年，人民文学出版社启动《鲁迅全集》重新注释工作，因为士菁同志是鲁迅研究专家，就把《三闲集》注释的任务交给广西大学中文系负责。按照当年流行的做法，系里成立了老、中、青三结合的注释工作小组，老专家士菁同志任组长，已届不惑之年的我算是中年代表，下面就是几个高年级的工农兵学员。我是搞古代文学的，对鲁迅并无研究，工农兵学员对此更是一穷二白。小组成立后，士菁同志首先组织大家学习鲁迅著作，亲自进行辅导。还根据当时需要带领大家选注了一本小型的《鲁迅文选》，交广西人民出版社出版，有效地训练了队伍。为了做好《三闲集》注释工作，士菁同志制订了调查研究计划。他亲自带领注释组主要成员到北京调查访问，查找资料。回来之后，又安排我带两个留校工作的工农兵学员踏访鲁迅行踪，到绍兴、南京、厦门、广州、上海等地进行实地考察，了解风土人情，查阅报刊资料，访问有关专家。带着他亲自写好的介绍信，各地有关专家都热情接待我们，指导、帮助我们较好地完成调研任务。经过这两次调研，我们对鲁迅及其著作的理解有了明显的提高,也搜集到了必要的资料。回到学校之后,士菁同志就把《三闲集》注释的具体工作交给我带领两个青年教工来做。经过一段时间的埋头工作,终于完成了注释初稿。我怀着忐忑的心情把注释初稿送给士菁同志审阅。不到一个星期,士菁同志在一天傍晚来到我家中,对注释初稿表示完全肯定,说可以送出去征求意见。就这样,没有做多少修改就把《三闲集》注释稿寄到人民文学出版社,经出版社审阅后排印成征求意见本。我深深感到,注释工作的顺利,完全得益于士菁同志的匠心安排和悉心指导。如若没有深入学习鲁迅著作和外出调查研究,《三闲集》的注释工作是很难顺利完成的。

到《三闲集》注释要定稿的时候,士菁同志已由中央组织部调回北京工作去了。他在 1979 年 7 月 22 日给我的信中说:"《三闲集》定稿,作为一个工作单位,仍然应该由广西大学中文系来做。如需我从旁协助,我当尽力而为。"8 月 20 日来信又说:"《三闲集》定稿事,上个月'人文'有同志来谈过,作为正式工作,我请他们和广西大学正式联系。"我懂得他的用意,他是要把我推出去承担这一任务,让我有一个锻炼提高的机会。不久我就代表广西大学到北京参加《三闲集》注释的定稿工作。出版社负责定稿的三位专家,一位是出版社的负责人陈早春,一位是鲁迅研究专家林辰,还有一位是专门从广州借调来的著名作家秦牧。和他们一起工作,对我来说确是一次十分难得的学习机会。陈早春对史料考辨的严谨,林辰对鲁迅生平和思想的熟悉,秦牧对语言文字表达的讲究,无不给我留下深刻的印象,对我日后的治学也有不少启发。经过几位专家对《三闲集》注释稿的逐篇讨论,逐条逐句推敲,书稿质量有了很大提高,我本人也有了很大提高。士菁同志的良苦用心我也更加心领神会。经过这次定稿工作,出版社也就认可我为《三闲集》注释的执笔人。1981年十六卷本《鲁迅全集》出版的时候，给编注者赠送样书也有我一部。这部《鲁迅全集》至今仍陈列在我书柜的显著位子上。

参加《三闲集》注释工作的整个过程，可以说是我治学生涯的一个起步过程。我虽然是北大古典文献专业研究生毕业，在中华书局文学编辑组工作过几年，但在学术研究方面仍然是一个小学生，又经过"文革"十年动乱几乎荒废了学业。在参加《三闲集》注释工作过程中，是士菁同志引导我一步步登堂入室，进入学术领地，学会治学门径。在这过程中士菁同志的言传身教，点拨引导，令我终生难忘。记得有一次谈话中，士菁同志提醒我少写概论式的文章，意思是做学问要着力进行点的深入开掘，使我恍然大悟。原来此前一段时间，我应《广西教育》杂志之约，写了几篇介绍鲁迅小说、鲁迅散文、鲁迅杂文之类的文章，多为泛泛而谈，大概士菁同志看到了，因此提醒我一下。这一提醒，其实是给我指点了做学问的一个重要门径，我一直牢记在心里，不仅自己身体力行，而且对学生讲怎样写论文时也反复传播这一观点。

做学问要重视实地调查研究，也是士菁同志言传身教给我的启示。有一阵子我准备搞一本《杜甫诗选注》，利用去四川开会的机会，到杜甫当年行迹所至的成都、梓州、阆中进行了实地考察，又到重庆北碚图书馆查阅了地方志资料，收获不少，写了一篇《访蜀读杜札记》，发表之前先寄给士菁同志，请他提提意见。他在回信中给予了热情鼓励："《读杜札记》读过了，我现在没有更多的时间搞这方面的问题，只是觉得很好。实地调查，比从书本上得来的东西，总要好得多的。如能发表，嘉惠士林，提倡调查研究新风气，其功不在禹下也。"其实，这种实地调查研究的方法，就是搞《三闲集》注释工作过程中士菁同志教给我的。

士菁同志毕生勤奋治学的精神，也给我树立了光辉的榜样。记得他在广西大学工作期间，除了搞好教学和行政管理工作之外，总是伏案研究与写作。后来四川人民出版社出版的八十多万字的《杜诗便览》一书，就是在这个时期完成的。南宁夏季长，天气热，有时我到他家里去，看到他只穿一条短裤，光着膀子，汗流浃背地在伏案工作，桌上还放着一条随时擦汗用的湿毛巾。此情此景，给我留下深刻的印象。他回北京以后，来信总是说行政事务和编辑工作很忙，但我每次到北京，节假日去他家里拜访，他都是从书桌旁站起来接见我，桌子上还放着摊开的书本，可见他业余仍抓紧时间在搞研究。1988 年离休以后，他虽年事已高，仍然老当益壮，加倍勤奋写作。立平同志来信总是说："士菁同志仍不服老，终日伏案读书或写作，不知疲倦。"晚年他的新著一本接着一本问世，但他仍不满足，在 2000 年 12 月 21 日给我的信中还感慨地说："我的身体情况尚好，但也老了，真是一年不如一年，想看的书看不完，想写的东西写不完。真是'黑发不知勤学早，白头方悔读书迟'。奈何奈何！"一个著名学者这种永不自满、不断进取的治学精神，不能不令人敬佩。

士菁同志在领导工作岗位上还非常重视对中青年的培养和使用。他担任广西大学中文系主任期间，就十分重视对中青年教师的传、帮、带。在 1978 年恢复评职称时，评讲师学校规定了一条大学毕业年限的基本界线，士菁同志做学校评委会委员，在会上他提出评讲师不能只看资历，主要应看教学和科研水平，为表现突出破格晋升的中青年教师仗义执言，一时在中文系传为美谈。在《三闲集》注释小组里，他对工农兵学员总是耐心教导，循循善诱，重在培养提高。他调回北京之后，还关心小组里留校工农兵学员的工作安排和学业进修，在来信中叫我转达有关研究生的招考信息，鼓励他们准备报考。

士菁同志对我的关心和帮助,更是无微不至。除了上面讲到的之外,他还十分关心我的学业、工作、生活、家庭等各方面的问题。记得1977年我的家属迁来南宁,家庭人口较多,工资收入不高,经济上不大宽裕。士菁同志和立平同志曾几次关心我们的生活。他们调回北京离开南宁前,把一辆旧自行车和一部苏联出产的收音机送给我。士菁同志还把自己多年积累的有关唐诗研究的手抄资料送给我,希望我在这方面继续研究。据说他向学校领导告别时还特地反映我的有关问题,提出自己的建议和希望。他回北京后不久,在学校主要领导的亲自关怀下,我爱人就被安排到学校图书馆工作,而后转为正式编制员工。我本人于1980年入党,1981年接任中文系主任。我想这一切虽有多种因素促成,但与士菁同志的栽培和关照肯定是分不开的。1982年我申报副教授职称时,系里请士菁同志做书面评审,听说他的评语让所有评委惊讶,我的晋升在自治区评委会上获得全票通过。士菁同志在评语中称许我,与他所接触的北大、北师大的副教授水平是不相上下的。评委们并不怀疑士菁同志的评语出于私情。我也相信他的言行不会违背自己的学术良心,因为他一贯对我不仅有肯定和鼓励,也有提醒和劝告。

在我们之间长期的通信往来中,他与立平同志就曾多次提醒我不要因为忙于行政事务而忽视学术研究。2007年2月11日由立平同志执笔两人联署的来信中甚至说:“金涛同志是否仍在被公务缠身,无暇坐在书桌旁,将多年来存储于脑海中的构想形于笔端? 士菁同志一直认为您是个踏实做学问的人,定有不少真知灼见,不写出来,实在太可惜。最好能从冗务中摆脱出来,留点时间写些东西。”这中间既有批评之意,也有期望之情。我只怨自己迷途知返太晚,未能在学术上做出较多的成绩,辜负了他们对我殷切的期望。

士菁同志既是我敬重的导师,也是亲密的朋友,是名副其实的良师益友。我们两家堪称通家之好。彼此的友谊真诚,感情深挚,数十年来始终不渝。2009 年 12 月 26 日士菁同志和立平同志联名写给我与内人的回信中这样写道:“在凛冽的寒冬中接到你们的来信及贺卡,犹如一股暖流进入心头,每每如是。我们头上的白发渐渐增多,而身旁的老友却渐渐减少,那恒久不变的真诚友谊就显得弥足珍贵了。”他们二老一向不轻易表露感情,而在这封信中这一番真情的倾诉,更可以说明我们两家之间弥足珍贵的友情。这样的友情让我刻骨铭心,永世难以忘怀。

2017 年 2 月于宁波

(作者原系宁波大学文化传播系主任、教授)

怀念王士菁师

杨　义

王士菁师离世已经将近半年了，但他俊眉慈眼，蔼然长者的面影依然闪动在我的眼前，仿佛他还在以平缓深沉的语气对我做着人生上的和学术上的点拨。2016 年 10 月 25 日凌晨，王士菁先生于北京逝世，享年九十八岁。还在这位世纪老人离世的隔日，我就在 10 月 27 日给追悼会送了花圈，上面书写着“永远铭记王士菁恩师，弘扬鲁迅文化精神——门弟子杨义敬挽”。他从写作中国第一本《鲁迅传》起，就与鲁迅精神同在。

屈指数来，我问学于先生的门下，已近四十年。1978 年 10 月，中国开始招收研究生，我们第一批研究生在中国社会科学院被戏称为“黄埔一期”。当时没有校舍，只能“借窝下蛋”，寄居在北京师范大学一隅，七人一室，楼外搭起几间三合板房，作为读书处所。条件艰苦，但读书热情是非常高涨的。唐弢先生第一批招生，共招录十人，其中为北师大代培三人，大概也是“借窝下蛋”的补偿。半年后，唐弢先生觉得学生过多，顾不过来，就把研究三十年代的转给当时主持文学研究所工作的陈荒煤,研究创造社和老舍的转给副所长吴伯箫,研究鲁迅的转给王士菁先生。因此我就师从王士菁先生,他当时是中国社会科学院研究生院文学系主任,文学研究所学术委员会主任。其实,我二十世纪七十年代在北京西南的工厂工作时,就通读过他在人民文学出版社鲁迅著作编辑室主持编辑出版的新中国第一部十卷精注本的《鲁迅全集》,是鹿皮烫金的精装本。这是我在工厂通读的几部大书之一,早就对他充满景仰之情。

王士菁先生指导我的学位论文,有时谈起他在西南联大时亲炙的闻一多、朱自清等先生的人品与治学经验,严格要求我从文献材料入手,通读《鲁迅全集》、《译文集》、《辑佚集》及"五四"到三十年代的原始报刊,那是一种卷地毯式的阅读,这种阅读方式影响了我终生。用王士菁先生的话来说,就是"用材料说话,才有底气,才有后劲"。那时我每个学期都写一篇六万字左右的研究鲁迅的论文,在判分极严的樊骏先生的审阅下,都评为优秀等级,到了毕业之前已经总成二十四万字的《鲁迅小说综论》了。在英国牛津大学任教多年的吴世昌先生说:这样的论文在英国已经是博士论文的规格。在王士菁先生的指导下,我萃取论文的精华,压缩成十万字的毕业论文《鲁迅小说的现实主义的本质特征》,被答辩委员会的王瑶等先生评为优秀论文,顺利通过。其后,《鲁迅小说的现实主义的本质特征》又压缩成二万多字,发表在 1982 年第 4 期《中国社会科学》上。当时《中国社会科学》有一个不成文的论文规格,凡在上面发表的文章均应达到博士论文的水平,这是我在《中国社会科学》上发表的第一篇论文,有了这个开头,以后陆续在该刊发表过十几篇论文。

如今回想起来,我踏进中国社会科学院文学研究所一事,令人感慨多端。有当权者不知出于何种想法,并不打算把我留在文学研究所,而要安插上某位有权力关系的子女到鲁迅研究室。若此,岁月蹉跎,现今的杨义也许就不是这个杨义了。时任鲁迅研究室主任的王士菁先生毅然顶住了这种倾向,说:“如果杨义不到鲁研室,我一个也不要!”于是我就得以搭配进了鲁研室。在鲁研室的一次评奖讨论会中,我分析了同仁们的研究状况,推荐王士菁先生的新著《鲁迅早期五篇论文注译》等论著为一等奖,当时徐懋庸夫人王玮作为鲁研室资深骨干,称赞我能够“顾全大局,有分析能力”。我进入文学研究所之后,就开始了三卷一百五十万字的《中国现代小说史》的阅读和撰述。期间北京师范大学曾希望我报考他们的博士生,但我考虑到已经在文学研究所工作,这份工作得来不易,就转而请求当王士菁先生的博士生。但王士菁先生婉劝我,既然已经开始现代小说史的撰述,就不必为了一个学位退回去专门搞鲁迅研究。其后王士菁于 1983 年 1 月调离文学研究所鲁研室,到北京鲁迅博物馆接替李何林先生当馆长,在那里大展身手,发起了风生水起的《鲁迅大辞典》《鲁迅年谱》《鲁迅手稿全集》《鲁迅研究资料》《鲁迅研究动态》的编撰工程。

在王士菁先生离开文学所后的二十余年,我每年春节都登门拜访老先生,送上花篮和水果,一起促膝聊天。他的女儿每每感慨:杨义真有老一辈学人尊师重道的风范。后来一些老先生看不惯若干学者争夺文学研究所所长座位,就暗中使劲,推举我这个连室主任都没有当过的普通学者出来当所长。适好遇上中央政治局委员李铁映出任院长,拜访老院长胡绳,想找一个学问上能够拿得住的人当所长,胡绳老院长向来器重我的学术,于是我就在新院长的浪漫主义情怀中,没有前例地由普通学者变成文学研究所、少数民族文学研究所两所的所长,一干就干了十一年。随之我的年龄渐近甲子，每次看望王士菁先生，他都发出感慨：一个后生小辈竟然开始两鬓花白。

从北京鲁迅博物馆退休后，王士菁先生还致力于唐诗研究，撰写了《唐代诗歌》《唐代文学史略》《中国文学史——从屈原到鲁迅的通俗讲话》等书。格外注意弘扬宋代文学家范仲淹"先忧后乐"的民族精神、清代民族英雄林则徐"苟利国家生死以，岂因祸福避趋之"的爱国精神。他把其中的一些书赠给我，同时对我新近的学术进展也相当留意，感慨自己可能借助下一辈学者而得大名。聊天中，我向他谈了在英国牛津访学，研究叙事学，和近期出国访问的情况，他都听得津津有味，不时点拨我与外国学人打交道的一些注意事项。他还出示收集到的《光明日报》等报刊上我的文章，包括占有两个版面的《读书的启示》和《毛泽东诗词的文化气象》。他兴致勃勃地谈论这些文章的优点和尚可补充的地方，脸上露出明媚灿烂的笑容。

在我的理解中，怀念故人，补救残梦，也是这位世纪老人念兹在兹的一个心结。他晚年勉力写作了长篇历史小说《雨霖铃》，就是这种心结的体现。这是源于鲁迅曾经有过写长篇小说或剧本《杨贵妃》的心愿。据许寿裳《亡友鲁迅印象记》回忆："他（鲁迅）对唐明皇和杨贵妃的性格，对盛唐的时代背景、地理、人体、宫室、服饰、饮食、乐器以及其他用具……统统考证得很详细。……他的写法，曾经对我说过，系起于明皇被刺的一刹那间从此倒回上去，把他的生平一幕一幕映出来。他看穿明皇和贵妃两人间的爱情早就衰歇了，不然何以会有……两人密誓愿世世为夫妇呢？在爱情浓烈的时候，哪里会想到来世呢？"郁达夫在《奇零集》中回忆说："他（鲁迅）的意思是：以玄宗之明，哪里看不破安禄山和她的关系？所以七月七日长生殿上，玄宗只以来生为约，实在心里有点厌了。……到了马嵬坡下，军士们虽说要杀她，玄宗若对她还有爱情，哪里不能保全她的生命呢？所以这时候，也许是玄宗授意军士们的。后来到了玄宗老日，重想起当时行乐的情形，心里才后悔起来，所以梧桐秋雨，生出一场大大的神经病来。一位道士就用了催眠术来替他医病，终于使他和贵妃相见，便是小说的收场。”孙伏园在《鲁迅先生二三事》中回忆说：“鲁迅先生原计划是三幕，每幕都用一个词牌为名，我还记得它的第三幕‘雨淋铃’。而且据作者的解说，长生殿是为救济情爱逐渐稀淡而不得不有的一个场面。”1924 年暑期，西北大学邀请鲁迅到西安讲学，他觉得正好体验一下大唐旧都的实地风光，便欣然应允。然而这一次旅行的结果却使鲁迅打消了原有的写作计划，正如鲁迅后来在给山本初枝夫人的信中说：“到那里一看，想不到连天空都不像唐朝的天空。费尽心机用幻想描绘出的计划完全打破了，至今一个字也未能写出。原来还是凭书本摹想的好。”日本学者竹村则行近时出版了《杨贵妃文学史研究》一书，根据诸家回忆录所记，对鲁迅拟想中的《杨贵妃》剧作出假设性的“复原”：第一幕《清平调》，写玄宗与杨贵妃情爱正浓的情形，主要场景为二人在兴庆宫沉香亭畔赏牡丹，召见翰林供奉李白献上《清平调》词三首；第二幕《舞霓裳》，写二人情爱在貌似热烈的气氛中无奈地衰减，主要场景为七月七日长生殿密誓，以及在之后的宴饮中贵妃为羽衣霓裳舞，至安禄山叛变；第三幕《雨霖铃》，写二人情爱的悲剧结局，主要场景为马嵬坡事变，玄宗以不能庇护为借口任凭杨贵妃被害，继而在逃亡途中又回忆起往日情景，而懊悔莫及。王士菁先生以《雨霖铃》为长篇小说的题目，是有充分的史料根据的。

另一部体现这位世纪老人念兹在兹的一个心结的书，是《小天堂的毁灭》。这是为了完成老领导和老朋友冯雪峰的遗志而作。冯雪峰晚年一直想写一篇太平天国题材的小说，在他的年谱、传记中都有所提到。《雪峰年谱》记载，他从 1962 年 5 月起就想“请创作假从事关于太平天国的长篇小说《小天堂》的写作”。为此，他曾到南方采访太平天国遗迹。冯雪峰的一些好友在纪念文章中也提到了此事，韦君宜记述她去探望刚摘掉“右派”帽子的冯雪峰时，冯雪峰详细讲述自己准备创作的太平天国小说提纲，包括主角是女性，天国的兴衰和分崩离析，“讲得眉飞色舞”。冯雪峰的这个写作计划，大概也向王士菁先生透露过。王士菁先生在自撰的《小天堂的毁灭》自序说：在人生的旅途中，“有一些人和事如过眼烟云，转瞬即逝……但也有一些人和事，却久久不能忘怀。过去没有忘却，现在没有忘却，将来大概也不会忘却，仍时时萦绕在心头”。

在我后来拜访王士菁先生时，他将长篇小说《雨霖铃》、《小天堂的毁灭》和五卷本的《王士菁文集》，都赠送给我，我顿时感觉到手上沉甸甸的情感和文化的分量。聊天中，我们也谈到这几种书，王士菁先生特别谈到冯雪峰在 1949 年将他从无锡苏南文协调到上海鲁迅著作编刊社；1952 年又将他从上海调到北京，在人民文学出版社专门负责《鲁迅全集》的材料收集、注释、整理和出版工作，有时讲得很动情，语调低沉，眼睛闪着泪光。此时的王士菁先生淡泊名利，耳朵又有点背，几乎不再出席各种名堂的会议，颐养天年，潜心研究和著述，写作能力还是很充沛的。

2009 年 8 月我在文学研究所、民族文学研究所所长的任期届满，中国社会科学院领导遵照胡锦涛主席关于把澳门大学办成“五个一流”的著名大学的指示，支持和批准我加盟澳门大学，于是我从 2010 年 8 月起出任澳门大学讲座教授。后来过年的时候，我在澳门打电话回北京，向王士菁先生拜年，也许由于他已经搬家的缘故,电话一直没有人接。我也请北京的同事打听过几次,均无结果,因而只能在南国遥祝这位世纪老人健康长寿了。《礼记·檀弓上》说:“泰山其颓乎,梁木其坏乎,哲人其萎乎!……泰山其颓,则吾将安仰?梁木其坏,哲人其萎,则吾将安放?”这声穿透历史的深长叹息,在2016年10月25日凌晨一位世纪老人离世之后,我仿佛又听见它在上空回响。我伸开双手承接这声回响:王士菁先生,作为您的入门弟子,我会永远珍藏您的宝贵而珍重的教诲,把它们安放在心头,把做人与做学问妥善地结合起来。

2017年3月29日凌晨

(作者原系中国社科院文学研究所所长、研究员)

温和·敦厚·勤勉

——追忆王士菁先生

张梦阳

如果说第一次知道鲁迅的名字，是六岁时母亲给我讲小人书《鲁迅的童年》；第一次接触鲁迅的文集，是小学六年级、十二岁时用节省下的一块钱，到隆福寺东四人民市场后面的旧书铺购买《鲁迅小说集》；第一次细读鲁迅的文章，是初一、十三岁时，语文老师给我讲《从百草园到三味书屋》；那么，第一次使我了解鲁迅的生平，就是初二、十四岁时，读王士菁先生新出版的《鲁迅传》了。到现在我还记得是白色封面，开头第一句话是："钱塘江缓缓地向东流去……"，最后的结束语是"一个人能为祖国和人民做多少工作"。对鲁迅由衷崇敬了。从这个意义上来说，王先生是引领我走上鲁迅研究道路的第一人。

1978 年我把《鲁迅辩证思维方法初探——〈"题未定"草（六至九）〉的哲学分析》一文，交给中国社会科学院哲学研究所专门研究鲁迅哲学思想的张琢先生指正。琢兄跟我谈起了王士菁先生,说王先生目前在广西大学中文系工作,任系主任。他到南宁出差时,曾经去看望他。王先生一知道消息,极为高兴,立即骑自行车去大门口迎他,但俩人并不认识,竟在校门口擦身而过,没有招呼,及至张琢找到王先生家中,等了一会儿,才与又赶回家的王先生会了面。俩人一边亲热地握手,一边说方才在校门口互相都看见了,却没有相认,禁不住哈哈大笑。我听到这段趣闻,立时感到王先生是一位平易近人的忠厚长者,鼓起勇气,往广西大学给他写了封信,并附上文章请先生指正。

未曾料到,王先生很快给我回了一封长信,对我倍加鼓励,希望我继续努力,立志在鲁迅研究事业上做出贡献。并说鲁迅研究的希望是寄托在青年一代身上的。我一遍又一遍地读着信,感到无限的温暖。

1979 年林非、刘再复先生也看到我的论文,并面谈了。他们一致要调我到刚成立的鲁迅研究室工作。为了“双保险”,他们分两路力荐。林非先生向陈荒煤同志举荐,再复向王先生推荐。当时,再复借居在东四六条一间小屋中,王先生调京后住在朝内北小街的吉兆胡同 24 号,离得很近,晚上经常到王先生家去聊天,谈话中向王先生力荐了我。正好王先生早在广西大学时就看过我的论文,这时又看了修订稿,很是赞扬,终于答应了此事。一天傍晚,我和再复、琢兄三人一起看望王先生时,他让我写份简历交给他。我回家后立即写了,第二天就前往吉兆胡同交去。王先生很快交给文学研究所人事处,并说了很多赞扬的话。

经过努力,文学研究所向我当时所在的廊坊地区教育学院发去了商调函。函中写的是借调,我永远感恩难忘的廊坊地区教育学院院长潘树增同志,全力支持我的调动,但看到“借调”二字又为我担心,说万一不能正式调动再回来,可就不如不去了。我赶忙趁回京时又去找王先生，王先生不在，他的夫人杨立平正在门口，我向她说明这个意思。杨立平点点头，坚定地说：“放心吧！王先生是下决心要正式调你来工作的！”话虽很短，但非常亲切，使我吃了定心丸。跟杨立平同志直接谈话仅此一次，但我永生难忘。她当时的面容、身影、声音，永远铭刻在我的心中。

经过多方努力，我终于在1979年10月到中国社会科学院文学研究所鲁迅研究室工作。或是给王先生送要紧的信件，或是请示重要的稿件，或是跟冉复、张琢一起去谈天，我成为王家的常客。每次叩访离开时，王先生都要亲自送。让他留步，也不听，坚持送到门口，见我走远了，才回屋去。

王先生那时住的朝内北小街的吉兆胡同24号，与鲁迅《伤逝》所写的涓生与子君同居的胡同同名，所以我记忆犹新。王先生全家八口人挤在北房三间小屋中，很是艰苦。听说“文革”前院子里的南房和北房都是他家住的，“文革”中被迫搬出，院子被多家占了，这次回来经上级设法调整，只勉强让出了北房。房间实在狭小，王先生只能在东头的屋角摆一张写字台办公，其余都摆满了床铺。全家人都在时，客人只好侧身挤过去到东头王先生办公的角落里谈事。那时王先生已年过六旬，在今天已是退休年龄了，然而却是他最繁忙的时期。文学研究所正值缺人，研究人员也大多不愿管事务，就把好几项职务都推到他身上，什么鲁迅研究室常务副主任（正主任由当时的文学研究所所长沙汀同志兼任）、《鲁迅研究》杂志主编、研究生院文学系主任、所学术委员会委员等等。无论大事小事都要他亲自做，家里又没有电话，所里有事找他，就打公用电话。守电话的来通知，要四分钱，打电话又要交五分钱，光电话费就须将近一角钱。这几分钱、一角钱，现在看来少得几乎可以不计，但当时可不是小数目，能够买一顿简单的便饭啊！而且这些钱无法报销，只能自己掏腰包。还经常接到要他来所直接办事的电话，没有专车，王先生只得挤24路公共汽车到南小街南口，再步行很长的路，到达那时文学研究所的临时驻地——建国门外日坛路6号。真是辛劳不已，忙得团团转，但他始终任劳任怨，从不发一句牢骚。

不仅平时上班非常辛苦，遇到意外的事情，还得王先生着急。1979年12月，中国鲁迅研究学会正式在西苑大旅社成立。第二天，《人民日报》《光明日报》等各大报纸都在头版显著位置发了消息，列出了与会者名单。第三天下午，天近黄昏，我还没下班，仍然在日坛路六号文学研究所临时办公室里编稿。突然，王先生急匆匆地来了，交给我一封信，连声喊着说：

"梦阳啊，赶快去陈涌同志那里问问是怎么回事吧！"

我忙看信，见是陈涌来的，声明不给《鲁迅研究》论文稿了，还说想起自己历来的悲惨遭遇，不禁伤感等等。

我立即收拾东西，奉命前往，见到陈涌同志，才知道他是因为关于中国鲁迅研究会成立的报道，漏了他的名字生气。

第二天一上班，我就向王士菁先生和全室同志如实汇报了见陈涌的情况。大家明白了原因，对陈涌同志的发怒没有丝毫抱怨。

过了几天，王士菁先生高兴地对我说：

"梦阳，可以到陈涌同志那里拿稿了。荒煤同志亲自去解释过了。"

说着，就让我陪他乘公共汽车到平安里看望陈涌。

陈涌见王士菁先生亲自来了，赶忙让座，气全消了。王先生就是这样每事躬亲，对鲁迅研究事业兢兢业业地忘我工作，给我们后一代鲁迅研究学者做出了榜样。

不仅急事王先生要亲自前往，重要的文章，他也要亲自细细审阅、修订。纪念鲁迅诞生一百周年大会筹备当中，刘再复代周扬起草的纪念报告，由我交给多位专家审处。别人很快就送回了，唯独王先生没有交来。后来起草小组搬往友谊宾馆，刚刚住下，王先生就打电话让我到他家里取报告的修改稿。我一进来他就把修订稿郑重地交给我。我拿起稿子告辞后，王先生又像往常一样一直送到门口，嘱我小心。回来一看，见是在打字稿上改的。之所以比别人晚送回，是因为王先生修改得太细致了。我和再复晚上在友谊宾馆包间东头小屋的台灯下，逐字逐句对照原文细看，不得不佩服王先生的文字功夫和认真态度，一些长句改成了短句，状语、定语多的修饰词移后。像这样仔细地修改两万字的长文，确实很费时间。

纪念大会之后，一天上午我去鲁迅研究室上班，王先生一见我，立刻高兴地说："代周扬同志送你一套书。"我接过一看，见是周扬和谢素台合译的《安娜·卡列宁娜》，扉页上有周扬同志的亲笔题字：

赠梦阳同志

周扬　1981 年

周扬同志并不认识我，之所以赠书，肯定是王士菁先生举荐的。我很感动，既感谢周扬同志，也感谢王先生。至今这套《安娜·卡列宁娜》依然摆放在我客厅的书橱中，成为我最宝贵的存书。

纪念鲁迅诞生一百周年大会之后，王先生奉调北京鲁迅博物馆任馆长。室里的同志都很留恋,因为我是鲁迅研究室学术秘书,林非、刘再复先生责成我购置蛋糕、点心,为王先生举行欢送会。我特地跑到“老莫”,也就是莫斯科餐厅买了上好的蛋糕,王先生很感动,临散会握着我的手说:“梦阳啊,谢谢你为我准备了这样好的点心!”不久,我到北京鲁迅博物馆办事,恰好遇到王先生等车回家,他一把抓住我的手,像见到家乡人一样亲切,及至上了汽车,还在车窗里向我招手。我也始终把王先生当成鲁迅研究室的老领导,编纂《1913—1983 鲁迅研究学术论著资料汇编》时,特聘请他和林非、刘再复一起作顾问。他欣然接受,每到《汇编》遇到困难时,都从道义和学术上予以坚决支持。

无论什么时候,什么地方,王先生见到我都极为亲切。记得最后一面,是 2003 年 12 月在八大处中宣部招待所开 2005 年版《鲁迅全集》启动会上,王先生听力已经很不好,但仍然坚持侧耳听我讲述《中国鲁迅学通史》出版并获得国家图书奖的情况。听后充满期待地对我说:“我们已经老了,很多事情寄托在你身上。譬如三十年代的事情,有很多真相至今还不为人知。其实,周扬同志受了很多委屈。有人在背后比周扬激烈多了。关于鲁迅‘答徐懋庸信’的那条注释也是那人指示的,结果全赖在周扬同志头上。梦阳啊,有时间我好好跟你讲讲。”但俩人都忙,王先生耄耋之年勉力创作源于鲁迅写作《杨贵妃》心愿的长篇历史小说《雨霖铃》。又为了完成老领导和老朋友冯雪峰的遗志而创作了太平天国题材的长篇历史小说《小天堂的毁灭》。并努力按照鲁迅的设想重写中国文学史。我也忙于写作《鲁迅全传·苦魂三部曲》。始终没有得空长谈,我在收集“两个口号”论争史料中,也发现当时的一位“文委”书记在对待鲁迅的问题上比周扬激进多了。但详情如何,无从查考,王先生驾鹤西去后就更失去详考的路径。深深感到遗憾！

王士菁先生那温和、敦厚、勤勉的形象，永远铭刻在我的心中……

（作者系中国社科院文学研究所研究员）

悼念亲敬的王士菁馆长

潘德延

王士菁馆长原名葛秉曙，1918 年 3 月 17 日出生于江苏省沭阳县，和我的故乡新沂市（原名新安镇）紧邻。过去有一句俗话说："老乡见老乡，两眼泪汪汪。"解放后，生活好多了，应该是："老乡见老乡，喜气洋洋。"因为语言相同，生活习惯相同，所以见了面之后，感到特别友好亲切。记得在 2015 年的 8 月 14 日曾到他家里进行拜访。我把水果、西洋参送给他以后，便闲聊起来。他已九十七岁，耳聋，需要戴耳机。走路不稳，需用手推车。他说现在老了，所有文件，看不下去，也不能写东西。我说："您只要能保持心情舒畅，精神乐观、注意营养、多吃水果蔬菜，适当搞点活动，就能活到一百二十岁。"我告诉他，此次回京主要是为老伴办丧事，三个月之内，办完丧事再回加拿大。我还同他谈了鲁迅博物馆同北京新文化运动纪念馆合并的事，现在管鲁研业务的只有黄乔生副馆长。现在搞鲁迅研究也不像以前的人那样兴盛，中学课本中关于鲁迅的著作也全部撤下。他说这些事情他都不知道，谈到下午五点告别。

我这次回到北京不久,有一天接到王士菁馆长的公子王向明的电话,他说,父亲已于2016年10月25日在北京逝世,享年九十八岁。因为您和他比较亲近熟悉,希望您写一篇回忆他的文章,将来把大家写的回忆文章收集在一起,出一本纪念文集。我说没有问题,我一定赶在十月底回加拿大之前写好给你。当我听到这一不幸的消息时,好像晴天霹雳一样,把我震得手足无措,怎么去年8月14日我去他家时,他还谈笑风生,而在我回加拿大以后两个多月就病故了呢,据说他和往常一样,入睡前没有任何不舒服的感觉,只是入睡之后,一觉归天了。我认为他真是不幸中的万幸,一个活人变成一个死者,当然他的逝世是不幸的,但是他并不像有的人是带着一身难以忍受的重病逝去的,而是在入睡以后舒舒服服地不知不觉地离开了人世,这种世上少见的事,却是不幸中的万幸。

我是1979年2月从首都师范大学中文系调来鲁博工作,参加了王士菁馆长领导的《鲁迅年谱》和《鲁迅大辞典》的编写工作。

在这部《鲁迅年谱》的开头,做了比较详细的"编写说明":

> 一、毛泽东同志指出:"鲁迅是中国文化革命的主将,他不但是伟大的文学家,而且是伟大的思想家和伟大的革命家",是"在文化战线上,代表全民族的大多数,向着敌人冲锋陷阵的最正确、最勇敢、最坚决、最忠实、最热忱的空前的民族英雄"。1975年10月28日,周海婴同志上书毛主席,提出关于鲁迅著作的注释、出版和研究工作等方面"一些亟待解决的问题",包括编写一部观点正确、材料丰富、翔实可靠的《鲁迅年谱》,毛主席作了"立即实行"的批示。我室成立后,立即

遵循上述评价和批示，认真做了研究。为了贯彻这一精神和使大家能够更好地了解、学习与研究鲁迅的生平事迹及其思想发展过程，我们编写了这部《鲁迅年谱》。为能体现鲁迅革命的光辉形象和不平凡的一生，我们力求掌握能够得到的材料，运用辩证唯物主义和历史唯物主义的观点进行了分析，希望能够符合上述精神。

二、为了说明鲁迅是在什么情况下或何种历史环境中从事革命工作和创作的，以及他的思想发展变化与客观环境的联系，在鲁迅本事之前均列有跟鲁迅直接间接有关的时代背景（中外大事记）：一八八一年至一九一八年，均列于每年之前；一九一九年至一九三六年，均列于每月之前；与鲁迅生平和著作有关的较小背景，则编入本事。

三、鲁迅生平事迹和所有著作及译文（包括小说、诗歌、戏剧、论文，杂文、散文、散文诗、序跋，前记、后记、启示、广告、按语、辑录校勘的古籍等等）一律入谱；书信、日记有选择地入谱。入谱的著作和事件，凡知其年月日者，均按时间顺序入谱；仅知年，而又无法考证到季者，则入于本年末。凡写作时间不可考者，按发表时间入谱。写作时间见于作品和日记，如不相符者，根据考订后的时间入谱。

四、对鲁迅著作，一般的每篇均写有题解（包括文章写作的背景或针对性、思想内容提要、编者简评以及其他有关材料），说明鲁迅的思想状况及其发展变化，供读者参考。

五、为了便于读者进一步研究，除时代背景外，对本谱引文和所据资料，均注明出处；见于日记的，一般不加注释。与鲁迅有关的人物、书刊、社团仅作简要的注释；有关的考证和分歧说法，则在注释中加按语予以说明。为了补充说明谱文的内容，还插入有关的图片，以供参考。

六、在书末附《鲁迅著译年表》和与鲁迅有关的人物、书刊、社团、教育活动的简表及笔名录等。

七、本谱引用的鲁迅著译，根据人民文学出版社一九五六年至一九五八年出版的《鲁迅全集》、一九五八年出版的《鲁迅译文集》、一九七六年出版的《鲁迅书信集》和《鲁迅日记》；文物出版社一九七八年开始出版的《鲁迅书稿全集》和其他新发现的鲁迅佚文、书信。

八、《鲁迅年谱》的编写是由以下人员完成的：

1. 一八八一年至一九〇二年三月以及一九〇九年七月至一九一二年五月的谱文由姚锡佩执笔；一九〇二年三月至一九〇九年七月的谱文由江小蕙执笔。

2. 一九一二年五月至一九二七年年一月的谱文初稿，主要由北京师范学院鲁迅书信注释组李允经、张建业撰写，马畏安、黄一欧、吴宗惠、王志民、史有为等参加了部分年谱的起草工作；武汉大学中文系皮远长、南开大学中文系张铁荣参与了部分修改工作。后由李允经、陈漱渝改定。

3. 一九二七年至一九二八年的谱文草稿由高启明执笔，陈漱渝、江小蕙修改；一九二九年至一九三〇年的谱文由王积贤执笔，姚锡佩统稿。

4. 一九三一年至一九三三年的谱文由林志浩执笔。

5. 一九三四年至一九三五年的谱文由潘德延执笔；一九三六年的谱文由陈鸣树、王德厚执笔。

6. 在以上分工负责、执笔、修改以后，全书又经集体讨论、修改，由潘德延统一体例规格。

九、周建人、唐弢、戈宝权、孙用、周海婴、常惠、林辰等对本谱的编写给了很多指导和帮助。王瑶审阅了自一八八一年至一九一二年和一九三一年、一九三四年的谱文初稿,杨霁云审阅了一九三一年、一九三四年的谱文初稿,都提出了很好的修改意见。

十、吕福堂、荣太之、赵淑英、叶淑穗、左瑾、皮远长、颜雄、李文儒、张铁荣、于万和等参加了本书的讨论,提出了宝贵的意见。

十一、本书编写之前,在编写的目的、体例、内容要求等方面征求意见时,一些对鲁迅研究的同志和有关单位提出了宝贵意见,上海鲁迅博物馆、绍兴鲁迅纪念馆、中国社会科学院近代史研究所、北京图书馆、故宫博物院提供了有关资料,特别是上海《鲁迅年谱》编写组还将已经编出的《鲁迅年谱》初稿提供我们参考,在此一并表示感谢!

十二、编写《鲁迅年谱》涉及的内容广泛,我们限于知识思想水平,难免有许多错误,希望广大读者批评指正,以便今后作进一步修订。

鲁迅博物馆
《鲁迅年谱》编写组
鲁迅研究室
一九八〇年二月

我们还参加了“自1984年文化部发文成立编委会后开始实施”的由主编林默涵、副主编王士菁、顾问李何林、林辰领导的《鲁迅大辞典》的编写工作。参加这一工作的人员有,编委(以姓氏笔画为序,名后带*为执行编委):

马蹄疾　王士菁　王仰晨　王自立　王得后*

包子衍　朱　正*　汤逸中　许怀中　李文兵*
李允经*　李何林　张伯海　张颂南　陆耀东
陈早春*　陈安湖　陈漱渝*　林　辰　郑择魁
徐斯年*　彭定安　温祖荫　潘德延*　薛绥之

主要撰稿人员(以姓氏笔画为序):

马蹄疾　王自立　王景山　皮远长　包子衍　刘一新
汤逸中　李文兵　李允经　何志明　陆耀东　陈安湖
陈漱渝　徐斯年　黄炳辉　韩之友　温祖荫　谢韵梅
颜　雄

辞典的编写情况,在《编撰说明》中有详细说明:

编撰说明

本辞典是供研究鲁迅、阅读鲁迅著作使用的参考工具书,收辞目九千八百余条,涵盖社会科学、自然科学等各个领域,犹如一部经鲁迅诠释的百科全书,对各学科研究者也有参考价值。

书中所收辞目出自鲁迅的著作。范围包括著作中涉及的中外古今人物、书籍、作品、报纸、刊物、社团、流派、机构、国家、民族、地名、历史事件、掌故、名物、古迹、特用词语、鲁迅笔名等,力求展现鲁迅广博的学识,反映鲁迅的生活、创作、思想和学术风貌。辞目设置,原则上摘用鲁迅的原文,但也有一些作了变通,以符合辞书规范。其中原文述及特定历史事件的,以该事件的通称为辞目,如"五四运动"、"三一八惨案"、"九一八事变"等;有若干外国人名的旧译与通行译名殊异,如嚣俄通译雨果,为便于读者查阅,立通译名为主辞目,列旧译名为参见辞目。

本书词条的释文包含两部分内容：一是辞目本身的情况介绍，这部分内容在通行辞书中容易查到的，适度从简，只介绍基本情状；二是叙述与鲁迅相关的情况，着重综述鲁迅的言论、见解和其他有关联的内容，力求全面、完整、客观。引述鲁迅的言论见解，均标示出处。

书中所列鲁迅作品条目，只限于鲁迅在著作中谈到的部分。为便于读者了解鲁迅全部作品的发表、编集等情况，本书编有《鲁迅作品系年表》(附录二)，以供查阅。

本书全部词条，按条目首字笔画由少至多顺序综合编排，首字笔画数相同的，按其起笔横(—)、竖(丨)、撇(丿)、点(、)、折(𠃍)次序排列；首字相同的，依辞目字数由少至多顺序排列；字数相同的，按第二字笔画顺序排列，以此类推。外文字母和其他符号开头的辞目排在正文最后。为检索方便，另附条目汉语拼音索引(按字母顺序排列)。

鲁迅是有广泛影响的文化伟人，后人多有追怀纪念活动。本书另编“纪念分册”(附录一)，介绍鲁迅逝世后历年国内外的各种纪念活动和现存鲁迅的重要文物，以供读者浏览。

本书的编撰工作，自1984年文化部发文成立编委会后开始实施。最初采取词条分类由专人承包的方式撰稿。由于撰稿量大，一些承包人又分托他人撰写，经手人众多，造成初稿体例不一，质量参差，词条分类集纳失衡，缺漏甚多，难成规制。经主编同意，由人民文学出版社组织力量进行修改增补，先后两次邀请马蹄疾、徐斯年、韩之友、颜雄、王景山、李文兵等专家对初稿分类做了大幅度的修改、补充甚至重写，增补大量缺漏条目，并由马蹄疾完成全部条目的综合排序，遂成现有规模。旋又请李允经、王景山、徐斯年、马蹄疾按笔画分工再做审改，全书最后由李文兵统稿。在书稿发排过程中，得到鲁迅博物馆王世家、张杰、叶淑穗、赵淑英的协助，对全书引述的鲁迅言论作了全面核对；人民文学出版社编审王海波编写《鲁迅作品系年表》及全书索引，并与编校人员一起，据新版《鲁迅全集》对书稿做了细致的编辑、校核工作。本书编撰时间长，参与人员多，书稿几经调整修改，内容不断充实更新，是名符其实的集体创作成果。我们对所有参与此项工作的人员深表感谢；其中有多位已经辞世，在此特寄哀思。

人民文学出版社《鲁迅大辞典》编委会 2009 年 10 月

因为我是辞典的执行编委之一，所以参加了辞典的编写和部分定稿工作，自写十五万字，负责定稿约八十万字（摘自一九八八年一月九日《聘任专业技术职务呈报表》）。

（作者原系北京鲁迅博物馆馆长、研究馆员）

一位前辈，一个好人

——忆王士菁先生

陈漱渝

2016年10月下旬，北京鲁迅博物馆老干部处在朋友圈里发布了一条噩耗：老馆长王士菁先生于10月25日去世。按民间习俗，九十八岁的王先生驾鹤西去应属“喜丧”，更何况无疾而终——这更是老人的共同向往。但是，我仍然感到非常沉重，因为单位失去了一位老领导，鲁迅研究界失去了一位老专家，社会上从此又少了一个好人。我直到快退休的时候才猛然悟到，能做点学问的人不见得人品都好，所以“德艺双馨”才成为了人们共同追求的人生境界。

王先生对鲁迅研究的贡献，最早表现于撰写了一部厚达五百一十八页的《鲁迅传》，1948年1月新知书店出版，其时王先生才三十岁，用当今的年龄标准还是一个青年人。传记正文之前有一篇鲁迅夫人许广平的序言，肯定这是国人撰写的第一部长篇鲁迅传记，而且是比较客观的一本。我认为这已是很高的评价。八年之后，曹聚仁先生也写了一部《鲁迅评传》，由香港世界出版社出版。曹先生以“史人”自命，指责王先生不懂史学，许广平也不懂史学，还说王先生写的传糟糕得很，像一团乱草。其实这些话正暴露了曹先生的极度自负，以及传统“文人相轻”的狭隘心态。如果要指出王传有什么不足，主要还是许广平所说的“略嫌引证过多”。后来王传经过修订于1959年10月再版，1981年又修订重版，仅中国青年出版社就印刷了七次，印数相当可观。读者的广泛需求，也就证明了曹聚仁对王传的完全否定是妄人妄语。

王先生对鲁迅研究的另一重要贡献，是参加人民文学出版社鲁迅著作编辑室的工作。这个编辑室被鲁研界简称为“鲁编室”，在鲁迅著作出版史上的地位极其显赫。其前身是1950年11月在上海成立的鲁迅著作编刊社，由冯雪峰任社长兼总编，借用上海武进路309弄12号上海文协二楼的房间办公，主要任务是收集、整理、注释、编辑、出版鲁迅著作；也出版了一些其他著作，其中就有发行量逾百万册的方志敏烈士遗著《可爱的中国》。该社成立之前，王先生是上海华东新华书店编辑部文艺组负责人，曾向冯雪峰提出注释鲁迅著作的建议。冯雪峰1950年6月26日复信说：“关于注释鲁迅你提的意见，我看是很好的，但开会讨论和开始工作，我觉得恐怕还需再酝酿一个时候。我们尽力策动，以便早日实现吧。”同年10月鲁迅著作编刊社宣告成立，看来跟以上酝酿过程不无关联吧。

王先生告诉我，编刊社当初是个政府部门，隶属于国家出版总署，由周建人分管，在上海时由雪峰负责。说是成立了一个“社”，但能担此重任的编辑人员却寥寥无几，除雪峰和王先生之外，只有鲁迅生前友好杨霁云、孙用和以撰写《鲁迅事迹考》闻名的林辰。王先生不仅是《鲁迅传》的作者，而且1943年就参加革命，所以编刊社的行政事务工作雪峰都偏劳他。1951 年 3 月,冯雪峰调北京担任人民文学出版社社长兼总编,后来还承担了中国作协的一些工作,又出任《文艺报》主编,可以说是日理万机,王先生就顺理成章地担任了鲁编室的副主任、主任。大到从上海护送《鲁迅日记》手稿和方志敏烈士遗稿进京,小到购买图书,制作证件,乃至 1952 年 7 月单位从上海搬迁到北京的种种杂事,王先生都要事必躬亲。

据我所知,王先生从上海时期的鲁迅著作编刊社到"文化大革命"之前的鲁迅著作编辑室都做了不少有益的工作,比如为供研究鲁迅和注释鲁迅作品参考,重版和推出了一批权威性的鲁迅回忆录,如许广平的《欣慰的纪念》,许寿裳的《亡友鲁迅印象记》《我所认识的鲁迅》,乔峰(周建人)的《略讲关于鲁迅的事情》……这些书,都成为了日后鲁迅研究的入门书。在这里,我想提供两个我知道的情况:一是冯雪峰认为许寿裳的观点有些"过旧或错误",指示王先生加以取舍删节。我的印象中,许著曾提到鲁迅留日时期认为"革命必先革心",这句话就被认为不妥而被删去了。今天看来,这种编辑处理方式值得商榷。对于历史文献,还是以保存原貌为宜,如何评价是研究者的任务。第二个情况是,王先生收集了周建人回忆鲁迅的文章九篇,约两万字,准备再增添一些附录结集出版。王先生亲自告诉我,周建人的回忆录曾送胡乔木审读。乔木明确指示,周建人 1949 年 10 月 19 日在《人民日报》发表的《鲁迅的病疑被须藤所耽误》一文欠妥,应从这本小书中抽掉。此后,周建人又出版过几本回忆鲁迅的集子,都没有收入这篇文章,可见他虚心接受了乔木同志的意见。

"文化大革命"之前,鲁迅著作编辑室做出的最大贡献就是从 1956 年 10 月至 1958 年 8 月 10 日,出齐了《鲁迅全集》(十卷本),简称"58 年版全集",以及在 1958 年 12 月出齐了《鲁迅译文集》

(十卷本)。这是一项筚路蓝缕的工作,为鲁迅研究奠定了文本基础。鲁编室的成员都是饱学之士,在注释上各有分工,但大量的行政工作还是由王先生分担的。这套全集和译文集虽然在印刷、装帧诸方面都超过了同类著作的出版水平,但由于当时政治环境的干扰,有不少涉及"两个口号论争"的书信未能编入这套全集的第十卷(《书信》),《答徐懋庸并关于抗日统一战线问题》一文的注释又对鲁迅和冯雪峰进行了错误的指责,丧失了客观公正的学术立场。王先生对我说,这虽然是周扬等人的指示,他也有自己应该承担的那一部分责任。1959 年 8 月,鲁编室还出版了《鲁迅日记》(上、下卷),编辑在日记原稿上增加了标点,这也是一项细致的工作。从那时开始,王先生的夫人杨立平协助鲁编室抄写了不少卡片,为注释日记中的众多人物做准备,并印成了一本厚厚的油印本,成为了注释 1981 年版《鲁迅日记》的重要参考资料。

王先生对鲁迅研究第三个方面的贡献,是 1983 年 1 月至 1984 年 8 月接替李何林担任鲁迅博物馆馆长。王先生和鲁迅博物馆的渊源很深,早在鲁迅博物馆开馆之前,王先生和其他鲁编室同人就参加过一些陈列方案的修改工作,跟鲁博的一些老员工如矫庸、许羡苏十分熟悉。王先生和 1975 年 12 月至 1983 年 1 月担任鲁迅博物馆馆长的李何林交情更深。王先生在西南联大读书期间,曾在楚图南同志的支持下组织了一个读书小组,专读鲁迅的书。比他年长十五岁并且出版过《近二十年中国文艺思潮论》的李何林就成为了他们没有教授名义的教授。"文化大革命"期间,王先生身处逆境,受到留党察看一年的处分,从湖北咸宁干校被分配到广西去工作。在"亲不以为亲,友不以为友"的情况下,李何林曾多次约请他到南开大学中文系任教,但因为强加给王先生的不实之词直到十一届三中全会之后才全部推倒,所以当时调南开任教之事未能遂愿。王先生很感谢李何林真挚的支持。1979 年初，李何林先后在全国文科规划会议和全国人大五届二次会议上提出了编纂《鲁迅大辞典》的建议。1983 年 1 月 12 日，王先生在《人民日报》发表《编写〈鲁迅大辞典〉刍议》一文，阐明了这一工作的文化意义，对词条分类、注释原则等提出了具体意见。2009 年，历经三十年磨难的《鲁迅大辞典》终于问世，全书三百三十三万九千字，收辞目九千八百余条，涵盖社会科学、自然科学等各个领域，既是语文辞典，又是百科辞典，释文达到了王先生提出的“不带争鸣探讨性质”的要求，真正实现了“让更多读者读懂鲁迅著作”的初衷。李何林是大辞典顾问，王先生是大辞典副主编。他们的倡导之功，将镌刻在鲁迅研究史册上。

王先生在鲁迅博物馆工作期间，很重视《鲁迅研究动态》(公开发行后改刊名为《鲁迅研究月刊》)的编辑工作。他旗帜鲜明地主张批驳歪曲、贬低乃至诋毁鲁迅的言论，反对按照主观意图标新立异的不良学风。他也十分重视鲁迅文物的典藏和研究工作，支持出版《鲁迅手稿和藏书目录》和《鲁迅手稿全集》。个别鲁博的工作人员通过道听途说，误信了“文革”期间关于王先生某些不实之词，对他缺乏应有的尊重，但王先生始终谦和待人，低调处世，体现了一位大学者的素质与修养。

当然，除了鲁迅研究，王先生还有其他方面的学术贡献，如负责编辑《郭沫若全集》(文学编)，《瞿秋白文集》(文学编)。1960 年他出任人民文学出版社副总编辑，负责古典文学编辑室的工作，也取得了不少成绩。特别令我感动的是，出于对鲁迅和冯雪峰的敬仰之情，王先生还赓续他们的遗愿，完成他们生前计划撰写而未能完成的著作，如在退休之后为纪念鲁迅写出了《中国文学史——从屈原到鲁迅的通俗讲话》，《中国字体变迁史》，历史小说

《雨霖铃》;为纪念雪峰写出了以太平天国为题材的历史小说《小天堂的毁灭》。王先生师从过闻一多、朱自清、陈梦家、罗常培、王力,学术功底深厚;又阅读了大量的历史文献和有关作品。我每次到东城华侨村王先生的寓所拜访他时,他都是在伏案工作,笔耕不辍。

谈到我和王先生的个人关系,可以说既不深也不浅。初见王先生应该是在1976年末,第二次新版《鲁迅全集》编注会议在北京西直门的国务院第二招待所举行。那时宾馆设施比较简陋,房间里没有卫生间,每天早晚都要到公用的盥洗室去洗漱。有一天临睡前我去盥洗室,发现有一位胖胖的代表把脚直接踏在放洗脸盆的台面上,拧开水龙头哗哗地冲。一打听,他就是王先生。那年王先生已经五十七岁了,身手仍然矫健。后来在东城史家胡同李何林先生寓所多次见到王先生,他也是骑着一辆旧车匆匆来去。也就是从那时开始,我跟王先生建立了通信联系。王先生那时到北京是属于出差,本人还在广西大学中文系任教。我听说王先生在译注鲁迅早期的五篇文言论文,就向他约稿,看能不能在《鲁迅研究资料》发表。李何林先生对这件事十分关心,认为鲁迅作品中的难点有三处:一是文言论文,二是《野草》,三是《故事新编》,所以王先生做的是一件普及鲁迅作品的好事。到1977年3月,王先生基本上完成了这项工作,译文加注释共有十万字左右,着实下了一番苦功。王先生1977年4月5日来信说:“稿件如搞出来,在何处出版(如果达到出版水平,还有一点用处的话),我没有意见,你认为怎样合适,就怎么办好了。”同年9月18日,王先生又来信说:“如你有闲,甚盼予以审阅,希望得到你的帮助,以改正其中的缺点或错误。天津人民出版社文教组的同志对此也很有兴趣,他们曾两次来信,我已把此稿寄他们审稿。”我阅读此书稿的兴趣是有的，审阅的水平没有，后来这本书由天津人民出版社正式出版，成为了我的案头书，经常翻阅。在译注鲁迅文言论文的同时，王先生还在注释《三闲集》，并修订《辞源》的部分条目。那时我正在研究鲁迅书信，曾就许广平编辑《鲁迅书简》的有关问题向他请教，王先生在百忙中一一做了认真回复。这些信，我都完好保留至今，常怀感恩之心重读。

还有一件不能忘却的旧事。1981 年 8 月至 9 月，我在《中国青年报》连载了《民族魂——鲁迅的一生》，以纪念鲁迅诞生一百周年，刊出后反应颇佳。浙江文艺出版社希望能结集出版。同年 10 月，我跟王先生同赴杭州，参加浙江省纪念鲁迅诞生一百周年学术讨论会。休会时我们在西湖边散步，我乘机提出请王先生为此书写一篇序言。王先生说："这是一部很有特色的传记文学作品，当它在报纸连载时我看过其中的片断，在北京人民广播电台广播时，我也听过其中的片断。它的生动细致的描写是很吸引人的。但是，我不会写序，从来也没有写过什么'序'，出书后写一篇读后感倒是可以。"王先生的谦虚令我十分感动，但我仍坚持请他写篇序言，不仅批评拙作，而且对鲁迅研究提出一些指导性意见。王先生拗不过我，便在年底写出了一篇"小引"。他在 12 月 4 日来信中重复强调："我从来不写'序'，也有不少同志找我写，我都推辞了。我很能够量力而行的，在这一点上颇有自知之明，不适宜于做这样的工作的。讲不出什么道理来，真是所谓佛头着粪贻笑大方的。"古人云："山峭者崩，泽满者溢。"大学者往往是低调的，只有半瓶水才会显得咣里咣当。这就是王先生在这件事情上给我留下的印象。

王先生曾经是中国鲁迅研究会的负责人。1988 年 12 月 6 日召开的第四次代表大会，因会长周扬久病住院，由他主持并致开幕词。后来,改选林默涵为会长,我出任了副秘书长、秘书长、副会长,负责学会的事务性工作。王先生对我的工作十分支持。当学会筹备成立“鲁迅学术基金会”时,王先生亲自出面联系黄源、巴金,请他们担任发起人。王先生还从方便工作出发,多次提出将学会的挂靠单位从社科院改为文化部,并得到了社科院文学所袁良骏的支持,但我却拖延不办,认为名义事小,务实事大,后来社科院文学所的鲁研室解散,改选时反酿成了人事上的一些纷争,反思起来十分愧疚。

王先生 1984 年从鲁迅博物馆离休之后,经常回单位取工资和信件,顺便常到我的办公室歇脚,聊些闲天。他常说自己工资太高,生活条件太好,而贡献甚微。在拜金主义甚嚣尘上的当下,像王先生这样因待遇好而深感自责的人,实属凤毛麟角。另外也聊聊学术研究的现状。谈起那些以创新为名行颠覆之实的论文专著,王先生总是摇头,感慨地说:“满纸荒唐言,满纸荒唐言。”这也给我留下了深刻印象。

王先生对我关爱有加,但我对王先生却关心得很不够。我长期担任鲁迅研究室的主任,也有几年出任过鲁迅博物馆的副馆长,除春节期间曾应景似的到王先生家拜过年之外,平时很少问候先生的饮食起居,更没有关心过他晚年的研究工作,记不清是 1997 年还是 1998 年,王先生八十大寿,我居然将这个日子忘得一干二净,单位和个人均无任何表示,跟兄弟单位对待老专家的态度形成了鲜明对照。反思起来,是无法用“有职无权”或“王先生本人一贯低调”之类理由来进行推脱搪塞的。俗语说,种瓜得瓜,种豆得豆,种蒺藜者得蒺藜。后来我也尝到了这种果报。

如今,王先生永远离开了我们。鲁迅研究界失去了一位前辈,也失去了一位好人。他留下的四卷遗文计一百八十三万七千字,其中不乏中国鲁迅研究史上的奠基之作。1932 年 4 月 29 日，鲁迅为《鲁迅译著书目》撰写了一段跋语，他激励想以笔墨问世的青年，“不要只用力于抹杀别个，使他和自己一样的空无，而必须跨过那站着的前人，比前人更加高大。”我想，发扬王先生的高风懿德，继承并跨越他的学术成就，这才是对王先生最切实的纪念。

（作者原系北京鲁迅博物馆副馆长、研究馆员）

深切怀念士菁同志

邹　青

士菁同志离我们而去了，我深深地怀念着他。他逝世时已经是九十八岁高龄了，高于我国人民人均寿龄很多，算是高龄长寿老人了，尽管仙逝归天是预料之中的事，但我还是极为悲痛，久久不能平静。

士菁同志长我四岁，是我的好兄长，他是一位学者，研究鲁迅及其作品专家，他的刻苦学习精神是值得我尊敬的。

据我所知，他刚进农村小学读书时，就开始阅读鲁迅作品《呐喊》，其后又读了《热风》《华盖集》及其《华盖集续编》等。虽然当时不少地方读不懂，但他永不放弃。

在抗日战争中，他一面唱着抗日战争《流亡三部曲》和《打回老家去》的歌曲，一面仍在学习鲁迅作品。使他永远不能忘记的，是在云南大学遇上云南大学文学系主任楚图南教授，在他帮助和鼓励下，由几位青年学生组织一个鲁迅研究小组，比较系统地阅读了鲁迅作品，从而对鲁迅作品有较好的理解。

新中国成立后，在一个相当长的时间内，组织上根据他本人的情况，要他专做鲁迅著作的收集、整理、编辑、注释和出版的工作。通过实践，使他深深体会到，对于鲁迅及其作品要有一个深刻的理解，确实不是一件容易的事情。

抗日战争胜利后不久，1946 年的春天，士菁同志到了上海，住在主持读书出版社的黄洛峰同志家中，并由他介绍，怀着景仰鲁迅先生的心情，到当时霞飞路霞飞坊去看望许广平先生；看了许先生之后，又到了作家书屋去看冯雪峰同志，由于冯夜间工作，还在睡眠，不愿打扰，便留条而去。

解放战争胜利后不久，士菁同志被分配到华东新华书店编辑部负责文艺组的工作。1950 年夏天的一个下午，到横浜路兴立邨二号去看望冯雪峰同志。雪峰同志仍是在夜间工作，下午刚刚起来。他们见面时，没有什么“寒暄”之类的客套话，开门见山，就谈工作上的问题。当时雪峰同志是《华东文艺创作丛书》编委的负责人，谈了丛书的编辑工作之后，他就问士菁最近读不读鲁迅的作品。士菁回答：因工作关系，看新创作的稿子较多，业余时间也看鲁迅作品，但有些杂文没有看懂，很困难。雪峰同志说：应该想个办法，使大家都能看得懂。两个人想到一起来了，是否可以注释一下？经过思索以后，二人同意写出一个意见来。大约经过两三个星期，士菁的《华东文艺创作丛书》稿子已写好，要送给雪峰同志审阅，同时，也把注释鲁迅作品的一些想法意见带给他看看。雪峰同志的工作是很忙的，除了主编《华东文艺创作丛书》之外，还担任上海文协主席和其他许多社会工作。隔了一段时间，他把自己亲笔写的《鲁迅著作编校和注释的工作方针和计划草案》一共十四页交给了士菁同志，并说，如认为可行，就试着办吧。

《鲁迅著作编译和注释的工作方针和计划草案》分为三大部

分。一、编校。即先把鲁迅著作中最主要的和读者最需要的部分重行校订,以便迅速重印单行本等。要求在半年内把已经印行的全部作品都核订完毕,并在一年内全部以单行本出版等。二、注释。注释工作是繁重而且困难重重,必须一边工作,一边谨慎地学习和研究;绝对严守科学的方法态度和历史的观点,正因如此,有关于鲁迅时代环境的说明和带有历史价值的意义必须交代清楚,这不仅是关于鲁迅本人的,而且是关于和鲁迅有关联的一切人物事件和思想学说。注释要以普通初中毕业生能够大致看懂为标准。三、几项可以附带的准备和进行的工作。1. 鲁迅传记的可靠的材料和整理。2. 更详细和更正确的年谱的编写。3. 鲁迅文学词汇的统计或鲁迅辞典的编辑。

雪峰同志周到的考虑和详细的安排,令士菁同志非常敬佩,同时也感到自己肩上的担子重大而光荣。从 1950 年起,士菁同志在冯雪峰同志领导下,和大家一起努力,刻苦学习,勤奋工作,以一丝不苟的精神和敬业的态度,圆满地完成极为繁重的鲁迅著作全集(十卷本)注释的任务。

1983 年时,北京鲁迅博物馆原馆长李何林同志已八十岁高龄了,组织上批准他退休养老,并调来士菁同志任馆长,全馆同志满意兴奋。我能与第一代鲁迅研究专家一起共同为鲁迅服务,感到骄傲和光荣。顾名思义,鲁迅博物馆是一个具有专业性质的博物馆,士菁同志从上小学开始直到大学以及参加工作后,都一直在学习研究鲁迅及其作品,已经成为研究鲁迅专家之一,他不仅熟读鲁迅作品,并在冯雪峰同志领导下,完成极为繁重的《鲁迅全集》(十卷本)注释任务,而且写了第一部《鲁迅传》等多部有关论鲁迅著作,其中《鲁迅传》得到许广平、周建人和广大读者好评。这样的专家来任馆长是最合适的了。

我对鲁迅研究工作是外行，“文革”前，我在中央政府对外文委和对外友好协会工作，张奚若、楚图南是我的领导。“文革”中受到冲击，就把我冲到河南息县“五七干校”，冲到山东省济南市，最后冲到北京鲁迅博物馆来了。我对鲁迅不认识，也未读过他的作品，我认识和了解鲁迅，是从毛泽东主席在纪念鲁迅集会上讲话和他的著作中知道的。毛主席在陕北一次纪念鲁迅大会讲话中说：鲁迅在中国的价值，据我看要算是中国的第一等圣人，孔子是封建社会的圣人，鲁迅是新中国的圣人。毛主席在他的《新民主主义论》一书中说：鲁迅是中国文化革命的主将，他不但是伟大的文学家，而且是伟大的思想家和伟大的革命家，向着敌人冲锋陷阵的最正确、最勇敢、最坚决、最忠实、最热忱的……空前的民族英雄。在庆祝鲁迅八十寿辰时，因为鲁迅喜欢旧体诗，毛主席也用旧体写了两首七绝诗，表达歌颂鲁迅的伟大。其一：博大胆识铁石坚，刀光剑影任翔旋。龙华喋血不眠夜，犹制小诗赋管弦。其二：鉴湖越台名士乡，忧忡为国痛断肠。剑南歌接秋风吟，一例氤氲入诗囊。

士菁同志虽是专家，但他没有清高架子，平易近人，我们在一起工作，共同语言很多。在工作分工上，既明确，又协调，党的组织和行政管理工作，由我负责，他全力给我支持。鲁迅宣传研究、资料管理、生平展览、著作整理、各项刊物出版，由他负责，我全力支持他的工作。我们之间配合非常默契，心心相印。

在工作之余，我们常在一起聊天，我们交流最多的问题是鲁迅和其作品问题。士菁同志是专家，我则抱着虔诚和虚心学习的态度，向他学习。通过交流和读他的文章，使我对鲁迅及其作品有了一些认识。

我与士菁同志在相互学习和交流中，体会最深的有以下几点：

一、鲁迅爱憎最分明。鲁迅的爱和憎是在革命斗争和革命文学实践中逐步发展和明确起来的，特别是在对敌斗争中锻炼出来的。要理解鲁迅和他的作品，关键之所在就是爱憎要分明。正如许广平先生所提示的，没有爱憎分明的感情，是不可能理解鲁迅的为人的；对于人民的和革命的敌人没有深切的痛恨的人，对于帝国主义和它的走狗，没有深刻认识、憎恨和不敢蔑视的人，是不可能真正读懂鲁迅作品的。许广平回忆鲁迅的著作是爱憎分明的好书，不仅对于从事研究鲁迅和现代文学的人们要读，一般读者尤其是年轻一代必须要认真阅读。她以深厚的无产阶级感情，朴素但又锋利的笔调，指出：在一片黑暗的旧中国土地上，1919 年的"五四"初次显露出黎明前的曙光；1921 年党的成立，宛如从东方地平线上升起了太阳，它一出现就给中国以新生的希望。生活在这块土地上的不甘屈服、渴求解放的人们，纷纷醒来，要打破那黑暗的"铁屋子"，冲决一切旧的罗网，团结起来，形成一片看不到边际的无形阵线，他们勇往直前，百折不挠，奔向革命，投向光明！在这个广大人群中间出现了一批又一批中国人民的优秀儿女，英勇无畏的不屈战士，披荆斩棘，奋勇前进，在那可诅咒的地方，抗击着可诅咒的时代。在这一群不屈的人群中，站起了骨头最硬的一个，站出了他们一个杰出代表，这就是伟大的鲁迅。

二、鲁迅骨头是最硬。毛主席说："鲁迅骨头是最硬的，他没有丝毫奴颜媚骨，这是殖民地半殖民地人民最可宝贵的性格。"十九世纪四十年代，西方资本主义势力已开始侵入中国。外国侵略者用暴力掠夺中国的领土，侵犯中国主权，严重地威胁着中国人民生存。中国封建统治者没有力量抵抗帝国主义的侵略者，使中国发生了变化，把封建社会变成了一个半封建的社会，把一个独立的中国变成了一个半殖民地和殖民地的中国。帝国主义列强侵略的结果，只能引起中国人民的反抗，而反动封建统治者，对外没有力量抗御帝国主义的侵略，对内则实行野蛮的黑暗的统治。在这黑暗统治下，硬骨头的鲁迅敢于向世人发出了号召：“世上如果有真要活下去的人们，就先该敢说、敢笑、敢哭、敢怒、敢骂、敢打，在这个可诅咒的地方击退了可诅咒的时代！”鲁迅所说的“可诅咒的地方”，指的便是半封建半殖民地的旧中国，他说的“可诅咒的时代”，指的便是帝国主义和封建主义相勾结、企图把中国变为半殖民地和殖民地的时代。鲁迅毕生所进行的坚强不屈的斗争，最主要的敌人是帝国主义及其走狗——北洋军阀、国民党反动派以及为他们服务的无耻文氓。鲁迅的硬骨头就是在和这些敌人斗争中锻炼出来的，他和中国人民解放斗争密切结合着的思想发展过程，在客观上，则是中国人民寻求解放斗争的深刻的和生动的反映。

三、鲁迅学习最勤奋。中国有句古话：“做到老，学到老”，但是要真正做到也是不容易的，鲁迅在他的光辉一生中完全做到了。他的光辉一生也是刻苦钻研、努力学习的一生。鲁迅生活经验和历史知识是非常丰富的，他在写文章的时候，引古证今，挥洒自如，涉笔成趣，无处不显出他战斗作家的真实本领和巧妙的斗争艺术。这一切在别人看来似乎是不可企及的，但是，他却认为这中间并没有什么奥妙，仅仅是由于学习的缘故，只是把别人喝咖啡的时间用在了学习上。鲁迅从青少年时代就是一个勤于学习的人，直到他的生命的光辉的顶点，在逝世前不久，他还表示出这样的愿望：“倘能生存，我当然仍然学习。”

鲁迅不仅勤于学习，而且善于学习，在革命实践中学习，同时也从书本中学习前人宝贵的经验和有用的知识。鲁迅学习阅读范围很广，为了战斗，不但学习正面书籍、资料，那些反面反动的书籍、资料也要看看。你只要翻阅一下《鲁迅日记》中的书账就知道了，他不仅有大量的进步书籍、资料，一些被查禁的书籍、资料，甚至是枯燥乏味的书，他也要时常翻翻。而且鲁迅对社会各个方面的兴趣很广，对于一些不十分引人注意的问题，他也进行过思考和研究，比如对于妇女的服装和儿童玩具，他都提出了新颖的见解。

四、鲁迅对青年人学习最关心。他要求青年人要认真读书，但又时常提醒青年们，千万不可死读书，变成一个书呆子。强调要独立思考，学会自己思索，自己观察，自己做主。他认为：读书、独立思考和观察社会生活的实际情况，这三者是不矛盾，而是相辅相成的，所以要观察，还是先要经过思索和读书。他反对读死书，仅仅满足于书本上的一些知识而不去和社会实际接触，这个弊病必须改正。必须和实践、社会接触，使所读的书活起来。

以上认识，是我在鲁迅博物馆的实际工作中对鲁迅的一些体会，也是与士菁同志接触和交谈中的收获，士菁同志确是我的良师益友。

士菁同志的一生是忠于马列主义、毛泽东思想，忠于中国共产党，忠于中国人民解放事业的一生。在“文革”中受到冲击，但他仍能正确对待。他大公无私，廉洁奉公，遇到福利问题，总是想着他人，他住房拥挤，我们在安贞里住宅区给他安排四居室一套住房，他坚决不要，让给他人。他工作兢兢业业，一丝不苟，博得大家好评。他对于鲁迅研究成果和发表的著作，将与历史长存。

2017 年 5 月 15 日

（作者原系北京鲁迅博物馆副馆长）

鲁迅研究的开拓者 鲁迅事业的建设者

——纪念王士菁先生光辉的一生

叶淑穗

王士菁先生离开我们已经一年了,人们无比地怀念他。他为鲁迅的事业默默地奉献,一生中创造了无数辉煌的业绩,硕果累累,这是先生留给后人丰富而珍贵的文化遗产。

一、中国人自己的第一部《鲁迅传》

王士菁先生生于1918年,1939年考入西南联合大学,1943年毕业。由于他热爱鲁迅,在西南联大求学期间,即开始了鲁迅研究。那时的鲁迅研究条件极为恶劣,要想找一部《鲁迅全集》或鲁迅的一本集子都是非常困难的。他曾对我们讲过那时为了要得到一本鲁迅的书,在西南联大读书时,他每天晚上要跑十几里路到城里的图书馆,利用图书馆闭馆期间,将鲁迅的书籍借出,第二天清晨赶在图书馆开馆前将书送还。就这样大约用了二三年的时间,完成了这部《鲁迅传》。现今的人们很难想象，中国第一部《鲁迅传》就是在这种情况下诞生的。这部《鲁迅传》在当年就得到了许广平先生和周建人先生的好评。许广平先生在该书的《序言》中写道："胜利之后，有机会看到这本真正来自国人写的《鲁迅传》。他把中国历史发生的重要事件和鲁迅生平经过，从头正确地、客观地寻找出它的所以然。唯其如此，才能了解鲁迅行文，处世的真意。这正是我多年心里所愿看到的，而希望竟在眼前实现，这一欢欣鼓舞，是不能用言语形容的。"此书于1948年6月由生活读书新知上海联合发行所出版发行。当时在社会上引起深刻的反响与关注。书出版后，特别是在新中国成立以后，先生对此书感到不满意。先生认为书的篇幅过大，全书五百一十八页，引证鲁迅著作较多，不适合广大读者，特别是青少年的读者阅读。他曾对我说过他很想将此书全部收回，见一本他就买一本。解放后他又利用业余时间在原《鲁迅传》的基础上重新编写了一本书，名为《鲁迅——他的生平和创作》，全书二百一十一页，1958年由中国青年出版社出版。在此书的《前记》中作者写道："写作这本书的主要目的，是在于向青年读者简要地介绍鲁迅的生平和他的著作的梗概。希望具有初中文化水平的读者能够看得懂，由此引起阅读鲁迅著作的兴趣，从鲁迅著作中吸取战斗的力量，……写作这书的另一个目的，是在于改正作者在一九四五年写成、于一九四八年由上海新知书店出版，题名为《鲁迅传》的那一本书中所存在的缺点和错误。虽然那本书在全国解放后就不再继续印行了。"寥寥数语反映了先生的虚怀若谷，一心为读者的学者风范。实际上在那黎明前的中国，鲁迅著作难觅，为了宣传鲁迅精神使读者更多地了解鲁迅，在鲁迅的传记中，较多地引证鲁迅的著作，是可以理解的，从某种意义上说，也反映了作者的一番苦心。但先生却不以为然。

1958 年出版的《鲁迅——他的生平和创作》是新中国成立后出版的第一部《鲁迅传》，备受广大读者的喜爱，曾连续再版数次。1981 年由外文出版社将其译成英文、朝鲜文、孟加拉文。1962 年先生又编写了《鲁迅——伟大的革命家、思想家和文学家》，全书八十一页，由作家出版社出版，用的是小开本，作为《知识丛书》出版。这应当是另一种更普及的《鲁迅传》。

为了更好地学习鲁迅、宣传鲁迅，先生又编写出版了《鲁迅早期五篇论文注译》（天津人民出版社 1978 年版）、《鲁迅创作道路初探》（中国社会出版社 1981 年版）和《鲁迅的爱和憎》（天津人民出版社 1982 年版）等等，为读者提供了更多的研究鲁迅的读物。

二、主持我国第一部注释本《鲁迅全集》的出版

要为鲁迅的著作做注释，这是先生早在从事《鲁迅传》的编写过程中就有的想法和意愿。所以在 1950 年夏第一次与冯雪峰先生会面时就谈起了这个问题。当雪峰先生问他最近读不读鲁迅的作品时，士菁先生说：业余时也读，但有些杂文没有弄懂，要弄懂很难，并向雪峰先生提出“是否可以注释一下”，雪峰先生当即表示“这很好”，并请士菁先生“有工夫，先想一想写点意见出来”，大约用了两三个星期，王先生把写出来的意见交给雪峰先生，6 月 26 日雪峰先生回信道：

士菁同志：

关于注释鲁迅，你所提的意见，我看是很好，但开会讨论和开始工作，我觉得恐怕还需要再酝酿一个时候。我们尽力策动以便早日实现罢。同时我觉得你如有时间就可以先看一

些他的文章,把需要注释的记下记号。

隔天我们再谈谈。即致

敬礼

雪峰 六月二十六日

1950年10月中央人民政府出版总署决定在上海成立鲁迅著作编刊社,任命冯雪峰为社长兼总编辑。1952年鲁迅著作编刊社迁北京,成为人民文学出版社鲁迅著作编辑室,冯雪峰任出版社社长兼鲁迅著作编辑室主任,王士菁先生任副主任。从上海的鲁迅著作编刊社到人民文学出版社的鲁迅著作编辑室,它的任务是非常明确的,即"收集、整理、注释、编辑出版鲁迅著作"。编辑室的成员为:冯雪峰、王士菁、杨霁云、孙用和林辰。冯雪峰为领导,但他事务繁多,在上海编刊社时,他忙于北京的工作,经常不在上海,编刊社迁京后,他又身为人民文学出版社社长,并有许多其他兼职。所以编辑室的具体领导工作是由士菁先生承担的。

鲁迅著作编辑室是一个忠于使命、敬业奋进又团结的战斗集体。在上海成立编刊社时,工作条件极差,实际上连社址也没有。他们借用武进路309弄12号上海文协的二楼两间办公室,工作人员没有宿舍。王先生的家就住在二楼的阳台,孙用先生和杨霁云先生他们是住在亲戚家,每天要自己买车票乘电车来。林辰从重庆来没有宿舍,只好暂住新亚酒店,编刊社经费少,只包一个房间,他们一家五口挤在一起。这里生活条件虽艰苦,但他们的工作热情,却是很高的。在编辑工作中缺乏资料,他们除了向图书馆借用,还利用业余时间深入旧书店或地摊去搜寻。由于编刊社的经费不足,遇到需要买又买不起的书刊,他们就请上海鲁迅纪念馆收购,他们再借用。为了做好这第一部注释本《鲁迅全集》,他们做了很多艰苦的基础工作,如关于查找鲁迅日记中的人物。这是一件非常艰巨的工作，因为国家的动乱、历史的变迁，要查清这些人物，可以说好似大海捞针。但王先生和夫人杨立平先生经过亲自访问或用各种方式，搜集到了一份鲁迅日记人名情况的原始资料。一次我去先生办公室请教有关事宜，闲聊时先生打开一口木箱，我看到箱内装满用书籍裁下的纸边做成的卡片穿成串，还有一些小本上面都记着某某人的情况等。先生告诉我这就是他和杨立平先生一起搞的人名索引卡片。我非常惊讶，敬佩之心油然而起。注释工作是极其繁琐而又难度极大的工作，王先生回忆："整个《鲁迅全集》的编辑和注释工作是在雪峰同志领导之下，由孙用、杨霁云、林辰和我，四人共同完成的。鲁迅著作单行本，每本分别由我们各自负责校勘和注释。每本注释初稿完成后，即互相传阅，对于'互见'或'参看'之处，我们四人随即交换意见，有时还要进行讨论。"他们有时为了鲁迅著作中的一个句子或一个词，要查阅多种古籍资料，其中的艰难是可想而知。经过八年的呕心沥血艰苦奋战，1958年这十卷《鲁迅全集》注释本终于出版了。这是人民文学出版社《鲁迅全集》注释本的开创版，为以后的1981年十六卷版，以至2005年的十八卷本的出版打下了基础。而今，这五位德高望重、在全国享有盛名的鲁迅研究专家、鲁迅著作编辑室的先辈，都已离我而去了，他们为鲁迅事业所做的不朽的贡献将永载史册。

三、编纂鲁迅大辞典

为了学习与研究鲁迅著作，弘扬鲁迅精神，要让更多的读者读懂鲁迅著作，编辑一部《鲁迅大辞典》是王先生等一些鲁迅专家们的意愿，早在1950年雪峰先生领导的上海鲁迅著作编刊社所写的《计划草案》中就将此项工作列入在计划中了。在鲁迅著作编辑室完成了十卷《鲁迅全集》注释本的工作后就已开始进行了，他们做了词目索引和词汇统计工作，并且摘录了两三万张卡片。1966年"文革"开始了，为了保护这批已写就的卡片。王先生事前没有和我们联系，就悄悄地用车将这些卡片运到鲁迅博物馆。我记得大约是1966年五六月一天的上午，王先生坐着一辆运书的小卡车突然来到博物馆，他带着几位职工，从车上抬下一个大木箱，还有一个有着许多抽屉的卡片柜，先生告诉我，这是大辞典的卡片，让我替他们保管。我看这大木箱里面装的都是一摞一摞的卡片，这些所谓的卡片都是印刷裁下的纸边，摆放得非常整齐，每张卡片上都写有一个词条，我认得这些卡片上的字迹，似乎都像王先生写的。由于"文革"已经开始，领导都靠边站了。我只得将这两个大件，放在库房大门外的门洞里，这里虽能避风挡雨，但并不安全，因而经常有人自取，我也管不了，后来有一位中学老师看到这些卡片，欣喜之中也拿走了一些作教学用。十年浩劫之后这些卡片已凌乱无法使用，对王先生我确实无法交代。好在先生事后并未追究，对此也就不了了之了。

1979年3月全国文科规划工作会议在昆明召开，会上李何林先生提出编纂《鲁迅大辞典》的倡议，得到与会者的赞同。1980年6月李何林先生在全国人大五届二次会议作为277号提案提出，得到社会科学院文学研究所等不少单位的热烈支持，并建议由国家出版局具体来抓此项工作。会议确定由李何林先生和王士菁先生主持，曾先后在成都、厦门、西安召开研讨会。1983年1月12日王先生在《人民日报》上发表《编写〈鲁迅大辞典〉刍议》一文，详细提出编辑鲁迅大辞典的各项要求与具体安排。最初拟由四川人民出版社出版。1984年6月文化部出版局建议由人民文学出版社与四川人民出版社合作出版，并将两个编辑组合并。2003年

5月24日王先生写《让更多读者读懂鲁迅著作——介绍〈鲁迅大辞典〉》，文中全面介绍了《鲁迅大辞典》编辑的过程及其深远意义，文章的末尾写道："在这里，特别值得提出的是，在解放前最初倡导编辑辞典并予以特别关注的冯雪峰同志；从1983年开始至今长达二十年的漫长过程中，曾和我们在一起工作过的李何林、林辰、薛绥之、包子衍、马蹄疾、谢德铣等同志已先后去世了，他们对于这部辞典的出版都怀有殷切的希望，并为之贡献出自己的力量，但他们没能看到此书的出版，对于他们，我在这里表示深切的敬意与怀念。"而今，历经三十余年一直为《鲁迅大辞典》操碎了心的先生也与世长辞了。不过这部承载着无数先辈和中青年以至老一辈鲁迅研究专家的辛劳与心血的《鲁迅大辞典》终于在2009年由人民文学出版社出版了，以此告慰世人。

四、为鲁迅博物馆建设做好基础工作

（一）拟定了博物馆第一个鲁迅生平事迹展览

一般人只知道王士菁先生1983年1月曾任鲁迅博物馆馆长，1984年8月后任鲁迅博物馆顾问，不知道先生在鲁迅博物馆建馆初期就被任命为博物馆副馆长，并一直关心和参与博物馆建设。王先生在《深切怀念李何林同志》一文中曾写道："1956年，成立鲁迅博物馆时，我也参加了筹备工作。文化部请许先生做馆长（许先生即许广平——笔者注），又要我去做副馆长，做具体工作。当时雪峰同志也同意了，文化部的部长会议也通过了，只是因为'大跃进'，博物馆下放到北京市，我才没有去。"当年博物馆所在的宫门口西二条胡同里建了十几间平房就是准备王先生和杨霁云、孙用、林辰等鲁编室的几位专家来住的。

1955年鲁迅博物馆馆址建成后，首要的任务就是要搞出鲁迅生平事迹陈列，但博物馆当时从各方面调集的人员包括馆的领导同志，均不懂鲁迅。最初文物局请了上海鲁迅纪念馆的馆长谢旦如先生草拟了一个陈列提纲，最后鲁迅生平展览的陈列方案的敲定，还是王士菁先生拟定的，因为他不但熟悉鲁迅生平，更了解鲁迅的文物。1950年许广平从上海迁家至北京时，对文物的安排王先生也是经手的，此事他不只在他的有关文章中提起过，也曾对我一一介绍过。在我的记事本中记有：王士菁先生告知："1950年许广平从上海迁居北京，许先生一人整理匆忙，将文物分成三份：一份留上海，还有一些重要资料自己带（即带到北京——笔者注）；有关注释的就给鲁迅著作编刊社……给鲁迅编刊社的有鲁迅手稿《两地书》、日记、烈士稿、有别人给鲁迅的信（人名与数字都一一告知——笔者注），还有鲁迅做了批注的剪报等。"先生向我详细地做了介绍，所以先生对鲁迅现存的文物内情也是完全知晓的。因而鲁迅博物馆建馆后的第一个鲁迅生平展览就是在王士菁先生以及鲁迅编辑室的专家们的精心筹划下，也经过全馆同志的共同努力，终于在鲁迅逝世二十周年的10月19日向公众开放，当时这个鲁迅生平事迹展得到中外各界人士的好评。王先生不只为鲁迅博物馆筹建了首个基本陈列，在以后数十年的陈列大修改时，王先生都亲临指导和审查。我这里还保存一份当年王先生审查陈列时提的修改意见稿。现在这也是一份值得纪念的历史资料了。

（二）为博物馆培训业务人员

基本陈列展出后，摆在博物馆面前的一项重要任务，就是要培养业务人员，这是博物馆发展极为重要的任务。我清楚记得王先生为我们讲课的情景，他深入浅出地为我们介绍鲁迅的生平事迹。要求我们一定要认真读鲁迅的原著，为了激励我们学习，还向我们介绍他当年如何在艰苦的环境中学习鲁迅著作的情况。我还记得有一次我和他一起等公共汽车,先生就和我谈心,曾鼓励我要下苦功夫学习,说我努力还不够,要我向张能耿同志学习,还向我介绍张能耿同志如何在绍兴深入农村搜集访问材料的事迹。士菁先生是我的启蒙老师,使我走上了鲁迅研究的道路,使我以此作为我一生追求的事业,直至今日。回想起来感到很惭愧,在工作岗位期间只忙于事务,没有抓住一切学习的机会,深入研究鲁迅,碌碌无为,愧对先生对我的期望。

(三)建议为鲁迅藏书收购复本

1951 年 7 月王先生第一次来鲁迅故居参观,认识了矫庸、李育华夫妇,并得到他们的热情接待。1952 年起,王先生作为鲁编室的副主任,就经常来鲁迅故居查考资料,因而对鲁迅藏书的珍贵和它的现状,有深入的了解。在查阅鲁迅藏书的过程中得知矫庸是一位熟悉中国古典书籍和版本的行家,又考虑到鲁迅藏书急需保护的现状,因而提出要为鲁迅藏书购买一套复本,这不只得到矫庸的赞同,更得到文物局王冶秋局长的赞同,因而从建馆之初文物局每年都拨专款为鲁迅藏书购买复本。当年是由矫庸先生和常惠先生到北京市各个古旧书店和旧货书摊去搜集,两位老先生特别是矫庸先生天天都跑书店,矫老的记忆力特别好,不只记得鲁迅有什么藏书,甚至是什么版本他都记得一清二楚。大约用了三四年的时间,就把鲁迅的中文藏书(包括线装书九百四十六种、平装书八百六十六种、期刊三百五十三种)基本收齐了。这是一件了不起的工作。如果不是当年适时的收购,过后真是一件不可能办到的事了。这不只保护了鲁迅的藏书,更是收获了一批财富。王先生功不可没。

1951 年文物局安排北京图书馆的中文组、日文组和西文组的图书编目专业人员，将鲁迅藏书分类编目，于1955年编成，王先生非常重视这项工作，极力主张博物馆将它编辑出版，还亲自为此书审稿。1959年这部《鲁迅手迹和藏书目录》作为内部图书出版了，至今六十年一直沿用着。此书对于鲁迅研究起到了积极的作用，但由于当年编辑上的仓促和遗漏，多年来王先生和博物馆一直希望能够重新编辑、重新出版此书，并做了许多准备再出版的编辑工作，但由于种种原因始终未能实现。2001年为纪念鲁迅诞辰一百二十周年，先生写了《〈鲁迅手稿和藏书目录〉前言》一文，全面介绍了鲁迅藏书和出版藏书的深远意义。很遗憾，此书仍没能出版，这是先生的遗愿，但愿能尽早实现。

（四）积极为博物馆征集文物

征集鲁迅手稿并非鲁迅著作编辑室的主要任务，但先生始终以一种珍视鲁迅文物的责任感，数十年来他都及时地、积极地不放过任何线索地进行着这一工作。在鲁迅博物馆的藏品总账登的“藏品来源”项目中如注录为“某年某月鲁编室拨”的，一般均为王先生通过各种途径征集来的，据我不完全统计有：致许寿裳信三封，致翟永坤信二封，致李小峰信三十三封；致陶亢德信十四封，致娄如瑛信一封，致周作人信一封，致李秉中信二十封等等。也有经过先生去联系，收藏者将鲁迅书信捐赠博物馆的，如章廷谦先生，曾将他珍藏的鲁迅书信六十封，直接交给博物馆。但也并非都是一帆风顺，收集鲁迅书信的过程中问题也是形形色色的，在先生的回忆中写道：“在当时，我是经常遇到不可思议的困难的，有的人就是讲了许多条件也不肯把鲁迅手稿拿出来，以致后来不知去向了。例如，上海有位某先生，他给我们来信说：鲁迅写给林语堂的信若干封，就保存在他那里，条件是要安排他的工作，才肯拿出来。又有一位青年来信说：他手中有鲁迅给许寿裳的信若干封，条件是给他六百元作为代价，我们当时未能满足他的要求，后来也就没有下文了。”先生也很感叹：“这些信可能在‘文革’中都损失了。”在保存下来的先生给我的十几封信中，很多的也是谈征集手稿的事。

先生不只注意搜集鲁迅手稿、书信，对于一些文物，他也很懂得它的价值，督促我们及时收购。如周作人日记，先生主张一定要收购，当时，反对的声音是很强烈的，如说汉奸的日记为什么要收购等，经过先生极力说服和争取，我馆当时的领导北京市文化局才批准了以一千八百元收购了，在1962年这也算是一笔不小的数目。但事实证明，先生是有远见的。今天来看，这件文物的价值真是不菲的。

（五）作为博物馆馆长的王先生功绩卓著

1983年1月至1984年8月，王士菁先生正式担任鲁迅博物馆的馆长，此时先生已是年近七旬的老者了，担任馆长的时间虽然不长，但业绩辉煌，先生平时除了处理好博物馆的日常繁琐的事务，带领好领导班子的一般人外，先生还承担了几部大书的编辑出版任务。如1984年7月9日，先生就接到文物局发给他的要落实六届政协二次会议，唐弢等提出的434号提案的任务，要出版鲁迅辑录校勘的古籍和鲁迅收藏的汉画像。即后来出版的《鲁迅辑校古籍手稿》六函四十九册和《鲁迅辑校石刻手稿》三函十八册以及《鲁迅藏汉画像》两册等，先生也为此参与过筹划；为纪念鲁迅逝世五十周年，编辑《拈花集》，先生为它写了《前言》；先生主持的《鲁迅大辞典》也在紧锣密鼓地进行着；还有《鲁迅手稿全集》的出版，也在先生指导下编辑和出版中，先生还为此写了《介绍〈鲁迅手稿全集〉》一文，除了介绍鲁迅手稿的情况外，特别强调出版此书的深远意义；在此同时，《鲁迅研究动态》的编辑、发行工作，先生也没有放松。先生就是这样，不知疲倦地为鲁迅事业，奉献自己的一切力量。

先生一生给我们留下丰厚的文化遗产：他编写出版了中国人自己的第一部《鲁迅传》，更有中国人自己的第一部《瞿秋白传》，还有鲁迅经过数十年的准备，拟编写而未成的两部巨著，士菁先生将它编写完成了，即《中国文学史通俗讲话》和《中国字体变迁史简编》，实现了鲁迅的宿愿。在收入《王士菁文集》的之外，还有新诗歌和唐代诗歌研究等等的文集。先生艰苦朴素，勤奋一生，为中国的文学事业的发展作出了巨大的贡献。先生的初衷，正如他 2009 年九十一岁时在《王士菁文集》后记中所说：要传承中国的文化遗产，"要继承革命先辈的崇高的品德和爱国主义精神，建设好新中国"。这是中华民族的魂魄，先生一生正为此而奋斗。我们崇敬先生，更要继承先生的遗愿：弘扬鲁迅精神，为祖国的繁荣富强而努力奋斗。

（作者系北京鲁迅博物馆副研究馆员）

严谨而又深情的王士菁先生

姚锡佩

在我退休后，一直想写写王士菁先生在学术研究方面对我的指引，但因耳疾眼花自陷慵散而未了心愿，常为此自责遗憾。

我一直把王士菁先生视为我的学术研究领路人之一，因为他写的《鲁迅传》和《瞿秋白传》是引领我进入鲁迅、瞿秋白两大领域的重要书籍之一。记得在我读大学期间，李何林老师开"鲁迅专题课"，指导的必读参考书中就有1959年中国青年出版社出版的王士菁先生写的《鲁迅传》，而其初版早在1948年即由新知出版社出版。这是我国最早一部较全面记录鲁迅一生的传记，所以许广平、周建人为书作序和后记。这也是冯雪峰在上海和他第一次见面时就建议他搞鲁迅著作注释工作的原因。为了让更多的人读懂鲁迅作品，他成为冯雪峰组织的"鲁迅著作编刊社"的最早成员，在冯雪峰奉调北京任人民文学出版社社长后，作为编刊社主任的他又和同仁一起调入北京，出任人民文学出版社鲁迅著作编辑室副主任、主任，此后他似乎为收集、编校、注释鲁迅著作殚精竭虑一生。1958 年十卷本《鲁迅全集》出版后不久，他即以丰富的新材料增补《鲁迅传》再版，因其文字朴素清新，语言生动活泼，内容丰富可靠，受到人民群众和研究者的欢迎，因此再三重版，1981 年后又被译成英语等多国文字，流传于国外。可以说，它的重要价值就在于对鲁迅生平、著作、思想、精神的极大普及，其广泛深入，几乎未被后来者突破，乃适应了那一时代的需要，人民的需要！

王士菁先生的《鲁迅传》使我这个初学者对鲁迅生平和创作有了较系统的认识，如我对鲁迅早年留学日本时期的作品，不仅得知有旧体诗的抒发，文学、小说的译述，政治和科学的论文，还了解到他是中国矿产最早的介绍者之一，他发表的《中国地质略论》，和顾琅合编的《中国矿产志》无不显现青年鲁迅的爱国热情和敏锐的防外来侵略的警惕性；也使我懂得如何从他的经历中探得他后来创作的深意。王先生的《鲁迅传》还教会了我如何避免分析的主观随意性和片面性。如谈到《狂人日记》《孔乙己》《阿 Q 正传》等小说时，也根据某些人的回忆，并用鲁迅的遗物，充分印证小说主人公的原型，但更重在介绍鲁迅本人所说的，他的人物模特儿，是“不用一个一定的人”的，而是“杂取种种人”，“凑合起来的”；而目的是从此人此事“生发开去”，把“旧社会的病根暴露出来”，“催人留心”，并且“设法加以疗治”。同样，在谈到俄国作家果戈理、契诃夫、安特莱夫对鲁迅的影响时，也是通过对作品的内容、思想和创作方法的分析，有力地指明鲁迅在创作中形成的自身艺术风格。鉴于人们对鲁迅创作目的有各种说法，他更不是随便采信，而是以作品本身的影响力，证实鲁迅所说的：“谈到‘为什么’做小说罢，我仍抱着十多年前的‘启蒙主义’，以为必须‘为人生’，而且要改良人生。我深恶先前的称小说为‘闲书’，而且将‘为艺术的艺术’，看作不过是‘消闲’的新式的别号。所以我的取材，多采自病态社会的不幸的人们中，意思是在揭出病苦，引起疗救的注意。”这些记述和分析在五十多年后的今天，似乎早已为鲁迅研究者和鲁迷们烂熟于心，然而这又与当年筚路蓝缕书写《鲁迅传》予以普及不无关系。况且在今天，仍有不少误解、诬蔑、诋毁鲁迅的言论存在，像王士菁先生这样的有理有据、朴实生动的《鲁迅传》普及读物仍是十分需要的。

说到让我读懂鲁迅早期著作，明白影响鲁迅一生的文学、艺术、科学、哲学源头，理清鲁迅早期思想脉络的著作，当推王士菁先生的力作《鲁迅早期五篇论文注译》及其《译后记》。由于本人的学识局限，每次阅读鲁迅写于留学日本时期的《说鈤》《人之历史》《科学史教篇》《文化偏至论》《摩罗诗力说》等重要作品时，对其文言表达、译文出处，多难以化解，唯叹心有余而力不足！幸而在我进入鲁迅研究领域两年后的 1978 年，购读到天津人民出版社出版的先生系统地详注细释五篇论文的大著，顿时为我释疑解惑，更为我研究鲁迅早期的学习生涯、思想形成及其藏书价值提供了诸多的思考方向。后来我才知先生写作这部难度极大的著作，是在他被扣上“黑线人物”“走资派”“反动学术权威”及有“政治历史问题”可怕罪名后下放广西之时。他克服了精神上、资料上的诸多困难，继续进行鲁迅研究，尤其是重新拿起始于 1955 年但中断很久的对鲁迅早年文言论文的翻译注释工作，其难度是很大的，不仅要有深厚的古文涵养，更要有广泛的外文及古典文学、艺术、科学、哲学知识，而解决其中大难点的，正是依靠了先生早年积累的广博学养。他在 1939 年中学毕业后即考入西南联合大学外文系，旋又转入中文系，学习、研究中国古典文学。先生的知识结构也有着重要的启示，鼓励我努力学习中外古今知识，拓宽眼界，以便深入研究鲁迅及其同时代的中外人事。尽管先生的研究取得了重大成就，但他从不自夸，倒是绝不忘同事者作出的贡献，如在《鲁迅早期五篇论文注译·译后记》中，他深情地记下了孙用、杨霁云两位先生在翻译和注释方面的最早贡献，也记下了自己所参考的刘再复、赵瑞蕻等学者的著作，这种绝不掠美、实事求是的优良学风尤须我们和当今的学子学习。

1982 年出版的《瞿秋白传》，也是先生在十年“文革”后率先出版的一部为先烈瞿秋白平反的力作。据先生在该书的《后记》中说：早在 1951—1953 年间，他就在冯雪峰的领导下参加了《瞿秋白文集》的收集和部分编注工作，从老一代许广平、冯雪峰、谢澹如等的言谈、研究中，从传主的亲笔手稿中，就想写下这位光辉的战斗不疲倦的共产党人形象，但因从事别的具体工作而未了心愿。直到 1980 年起，组织上又让他参加重新编辑出版《瞿秋白文集》的工作，因而他可以更系统地研究已收集到的烈士文章、手稿、遗物及其主编和参与编辑的报刊，乃至三十年来的诸人调查研究成果，包括那些否定、歪曲传主的材料，经细致的梳理校勘，批驳求证，完成了一部材料翔实、描述简明的普及性传记——旨在帮助青年进一步深入学习和正确理解瞿秋白的生平事迹和主要的文艺著作，同时也不讳言传主的不足和局限。我正是在读了先生所创作的传记，以及陈铁建先生 1979 年和 1986 年分别发表、出版的《重评〈多余的话〉》和《瞿秋白传》等，启发我在 1989 年怀着敬意探求《鲁迅和瞿秋白的“超人”意识》之异同，并从鲁迅所收藏的报刊中求解《鲁迅读〈多余的话〉之后》的思索和言行，参加了当年的“纪念瞿秋白诞辰九十周年学术讨论会”，有幸受注于温济泽、丁景唐等前辈专家、学者而被鼓励。

我早就知晓王士菁先生博闻通学，既是出版、研究中国现代文学的专家，也是研究、出版众多中国古典文学、诗歌的方家，但当我手捧2009年先生结集出版的四卷本《王士菁文集》时，还是大大吃了一惊。我曾耳闻先生在退休后仍不知疲倦地写作，文集第四卷所收的《中国文学史》和《中国字体变迁史简编》即是他晚年的丰硕成果。编写这两类大著乃先生旨在完成鲁迅、闻一多等先生的遗志，而完成此事，绝非一朝一夕之功，是长期全面多方学习、积累的结果。在书中他广泛吸收了前人的研究果实，又有自己独特的心得，《中国文学史》为初学者提供了准确的历史知识，并探讨中国文学的主流发展规律和作家创作经验。《中国字体变迁史简编》则在说史时附上大量有史以来不同字体的刻石、碑帖、铭鼎、诗文等，让国人，特别是年轻人欣赏、了解、继承祖国悠久、丰富的各种形体的汉字，以在世界上宣传汉字文化，乃至将中华民族特有的书法艺术瑰宝发扬光大。

我更惊异于先生不仅是一个大出版家、大学者，他还是一位充满激情的诗和小说的创作家。他早年出版过新诗集，而在晚年工作之余，竟完成了两大本小说《雨霖铃》和《小天堂的毁灭》，促使他创作的原动力，也是来自鲁迅曾有的愿望和冯雪峰未完成的遗志。鲁迅1924年夏去西安讲学时，确是抱着一个写剧本或小说《杨贵妃》的计划，希望以发达的唐代文化为背景衬托一个可歌可泣的故事，可惜看了古都颓唐、零乱的景象，写作的兴趣索然了。而王先生有幸在1958年后因各项工作去了西安四次，顺道看古迹，访专家学者，特别是当代考古学者、建筑学家、历史学家在发掘、描绘、考证一千二百多年前唐代长安风貌的成果，开启了他的创作热情，勾起了他对自唐代以来不可胜数的描写唐明皇和杨贵妃"爱情故事"的诗歌、小说、戏剧的回忆、追索、总结，而三部不落俗套，各有特色的历史小说——日本作家井上靖的《杨贵妃传》、港台作家南宫搏的《杨贵妃》，以及我国青年作家吴因易以开元、天宝时期历史为背景写下的四部长篇历史巨著,更引起了他对“政治婚姻”“性爱”和“爱情”一系列问题的思考,最终在1987—1989年完成了“一个没有爱情的爱情故事”《雨霖铃》。先生自称“拟”鲁迅的《故事新编》,系因鲁迅曾自谓有点“油滑”之处,而他在《自序》中谈自己的创作“力求叙事‘能有旧书上的一点根据’,不太‘信口开河’,尽量避免‘油滑’之处,也不要‘将古人写得更死’”,诚可谓实言也。在这部小说中,可以看到浓浓的历史重影而又不失人物形象之生动。

对历史真实的追求,在他的另一部历史小说《小天堂的毁灭》中更为突出。小说写太平天国的兴起和覆灭,比《杨贵妃》中的人、事更具争议性。先生为什么要去碰这么复杂的历史问题,还要把它做成小说?最重要的原因莫过于对前辈冯雪峰的哀思和纪念。一生忠于革命的冯雪峰先生,在1957年被打成“右派”后,因当权者不准他继续创作长征题材的小说,只能悲愤地把倾注了巨大心血的文稿付之一炬,继而又坚韧地拿起笔创作另一部描写太平天国农民革命运动的长篇历史小说;可惜“文化大革命”的到来,他又被迫停笔,直至1976年溘然长逝,连文稿也不知去向。经历了“文化大革命”巨大灾难的王士菁先生恐怕比任何时候都理解了老革命雪峰同志坚持写太平天国的内心痛楚——总结历史上大大小小农民革命失败的原因,这大概也是他决意接过前辈的笔,继续写这一难点重重的题材,并取名更明确——《小天堂的毁灭》。不过,他对广大太平天国军民是同情、赞颂的,因为在六十年代末七十年代初,他曾被分配到广西大学任教,接触到有着太平天国、百色起义革命传统的广西壮族自治区的各族人民,感受到他们的淳朴、真挚、勤劳、勇敢、热情的品德,认真、负责、务实、求真的精神,也近距离地观察、理解他们饱受苦难、奋起反抗,又屡遭失败的历史悲剧。这些无疑也是促使他着力于历史地、纪实地去反映、描写他们英勇不屈的祖辈，而且有意模仿古典小说《三国演义》“七实三虚”的写法，少考虑久已流行、颇为动人的如洪宣娇这样的传说故事，多吸收历史学家以严谨的调查研究取得的第一手材料和科学的结论。由此可想象，他创作前的搜集、考证、体会是十分艰巨的，写后又反复修改，历时八年完成了这部历史真实和艺术真实完美结合的历史小说。

综看先生一生辛勤的出版、研究、编写、创作，无不浸透着对前辈真诚的崇敬，自觉的追随。从他收集在文集中的二十来篇深切怀念师友的文字，可见先生是一位执着理想、情谊而写作的学者。他不仅关注前辈，对后辈学子也充满了关爱之情，他在《悼念马蹄疾同志》一文中如实记述他所见到的马蹄疾、徐斯年和颜雄同志为了早日完成《鲁迅大辞典》繁杂庞大的工作，每日泡着方便面，汗流浃背地坚持统稿，先生想方设法改善他们的生活和工作条件，却因几年前申请的万元津贴早已用完而无法实现。后来这部书稿完成上交了，马蹄疾同志不久也轰然倒下。当先生得知逝者在绝症重病之下还在为大辞典的出版做最后的加工，其痛惜、遗憾之情无以复加。先生对后辈的关注和爱护是一贯的，当他看了赵英同志把多年来辛勤研究、探索鲁迅整理古代文化遗产的成果汇为系统的专著《籍海探珍》，慨然为之作序推荐。像这样的肯定、推荐后辈之作，我在《鲁迅研究月刊》中时有所见，可惜大都未收入文集中。

尤为惊异的是先生对我的关怀。我与先生直接相交不多，1983 年至 1984 年先生任鲁迅博物馆馆长时，因不在同一楼工作，他又忙于在人文社领导编辑《瞿秋白文集》等事宜，见面机会很少。后来他作为我馆顾问，虽然每次重要会议他都会出席，我们都会聆听到他对诸多问题独到的见解,但先生并不是一位善于说笑的长者,而我是一个怯于联系领导或长辈者,所以交流甚少。没想到在一次新春联谊会开始前,当我向先生问候时,先生竟对我说:你写鲁迅藏书的大小文章我都看了,不错。鲁迅藏书很有价值,要好好研究。先生对我的鼓励,至今犹在耳,可惜我退休后就未再继续这项工作。看到现今又有比我学识高明的同志在从事中外文鲁迅藏书的研究,我想先生定会很高兴的。记得先生也曾直言对我的不满,同样是在一次馆内聚会时,他见了我说:你写的聂绀弩,我跟他同事过,他的工作和生活上有不少问题。这些我何尝不清楚,但正是他的"怪"和"鬼"吸引了我。诚然,聂的放浪不羁与先生的严谨内敛的气质很不同,所以他俩对当时人文社社长王任叔(巴人)先生就有很不同的看法;作为后辈,我尽量去理解在那样的政治、社会、工作生态下可怕的人际关系,以及有矛盾的双方何以有极相似的悲惨命运,这也是我既为绀弩不平又同情巴人的原因,也很感谢先生对我的提醒。更有一件出乎我意料,令我对先生感激不尽的事。大约是在 1993 年际,我和赵英突然被通知退休。我俩深为不解,因为我们以往研究室的女研究员都是按大学和研究单位的规定,六十岁后才退休,何以我们要提至五十五岁呢?何况我们可以大言不惭地说,当时研究室的主要研究工作是我俩女子承担着,然而上下男领导无视我们的疑问。幸而有位女同胞指点我们去找娘家人,并说王士菁先生的女儿就在妇联工作。刚好先生来馆参加一次聚会,我俩大着胆向先生倾诉了我们的困惑,未想先生当即表示理解并支持,让我们去找他的大女儿王晓明。于是,我们第一次走进娘家门,取得了妇联为我们这类职业妇女争取合法退休年龄的文件并得到国家认可的报道。因此,我能延至六十岁生日的前几日,去馆人事处报到,请为我办退休手续。对先生和晓明女士乃至妇联的帮助,笨拙的我从未致谢,但永远印刻在我的心中。

完稿于2017年6月28日

(作者系北京鲁迅博物馆研究馆员)

平易近人 刚毅坚卓

李允经

王士菁先生以逼近百岁高龄辞世的信息，我是知道的，但我因病未能往八宝山为他送别，心中颇感歉然。

近日，他的孩子电话约我撰文纪念，我答应了。但又因双眼白内障所累，只能写一短文，聊表敬意。

其实，我与先生的接触是很少很少的，认识也是很晚的。不过，他的大名我是在五十年前就知晓的。回想起来，我对先生的认识，确然经历了如下三个阶段。

首先，士菁先生是我的长辈和师辈，是著名的资深学者，他的大名，在“文革”之前就进入我的视野，烙印在我的心中。那原因是他写出并出版了我国第一部《鲁迅传》，受到了学界的热烈欢迎。

第二阶段，是 1983 年，继李何林先生之后，士菁先生出任了鲁迅博物馆馆长一职。他的到任，既没有开欢迎会，也没有就职演讲，好像他也不常坐班。印象中的先生是一位平易近人、蔼然若友、从容不迫、忠厚和善的长者。可是,没想到的是次年,他就离休了。继任的正副馆长是潘德延、王得后和孙瑛。

考虑到1986年是鲁迅逝世五十周年纪念,为此,馆领导决定出版鲁迅生前就定名的《拈花集》,实现鲁迅生前的遗愿,并令我经办此事。

《拈花集》共收入十六位苏联木刻家的一百二十幅作品。除请求为鲁迅收藏这些作品的曹靖华先生撰写《写在前面》一文,又请求戈宝权先生为作品译定画题、为作者撰写小传外,便是约请士菁先生撰写一篇压卷之作——序言。

这篇序言,仅两千余字,但却将鲁迅关于木刻应以革命与人民为中心、传统要继承、技巧要过硬、追求民族性、作品要易懂的思想和理论,熔为一炉,诠释得清清楚楚,而且结构严谨,语言流畅,不愧是一篇关于鲁迅和木刻的重要论文,充分表现了士菁先生文艺评论的大家风范。即使在今天重读,也不禁令人感服。

我对士菁先生进一步的认识,已是很晚很晚的事了。2011年春,我收到了先生亲笔签名的赠书《王士菁文集》(四卷本),展卷浏览,真是目瞪口呆,大吃一惊!除了《鲁迅传》之外,其余都是他离休之后的新作和巨著,既有学术专著,又有历史小说,总字数近二百万啊!这么艰巨、繁重、复杂、精细的脑力劳动,对于一个七十、八十乃至九十岁的老者来说,又是多么难能可贵而又难以胜任啊!更令人欣喜的是他的这些新著,又大都和鲁迅先生生前的写作计划有些渊源。

1933年6月18日,鲁迅在致曹聚仁的信中说过:“我数年前,曾拟编中国字体变迁史及文学史稿各一部……”后因种种原因,终成遗愿。另据孙伏园回忆:鲁迅曾计划创作历史小说《杨贵妃》,后无意再写,遂成“腹稿”(《鲁迅先生二三事》)。

1987 年至 1990 年，先生以四个年头的奋斗，完成了《雨霖铃》（即《杨贵妃》）的创作。1990 年至 1998 年，先生又奋战八年，完成了《小天堂的毁灭》（即有关太平天国的历史小说）的写作。《中国文学史》著于 1997 年至 2001 年，历时五年；而《中国字体变迁史简编》，则在 2001 年至 2006 年写就，历时六年。士菁先生是六十六岁才离休的。他一共花了二十三年，终于完成上述诸书的写作。其时，已年近九十。之后，他还要为书稿的出版、校对等工作劳心费神，这是多么艰巨而繁重的任务啊！没有人会将如此重负加给如此年迈的一位老人。所以，我想，一切都是士菁先生要自觉完成的。有的书稿，恐怕是早在“文革”之前就已想定的，并且做些资料的收集等准备工作的吧！只是后来接踵而来的“反右”运动、大跃进运动以及“文化大革命”，将二十年的大好时光荒废了，这才让晚年的士菁先生不得不奋力拼搏，只争朝夕。

士菁先生是抗战时期毕业于国立西南联合大学的，是朱自清、闻一多的弟子。西南联大的校训是“刚毅坚卓”。我以为，在平易近人的一面之外，这“刚毅坚卓”就恰是士菁先生性格的另一面，而且是更为重要的一面。这两面的辩证统一，才成就了他的健全的心态和风范。狄更斯说：“一个健全的心态比一百种智慧更有力量。”爱默生则说：“一个朝着自己目标前进的人，整个世界都给他让路。”

士菁先生是我国著名而又资深的鲁迅研究家。他怀着对鲁迅无比崇敬、无比热爱的深情，挥笔写下的这些巨著，必将永存于世，泽被后学。

2017 年 6 月 30 日于京师

（作者系北京鲁迅博物馆研究馆员）

回忆王士菁先生

裘　沙

今年年初，我整理朋友来信，找出王士菁先生给我的六封信，十分感动。就给他去电话，又无人接。王士菁先生年龄大，听力差，早就不通电话了，我只好不了了之。等我收到《鲁迅研究月刊》2017 年第一期，在顾问名单中竟没有了王士菁，很让我大吃一惊！立刻给王德厚同志去电话询问，才知王士菁先生已经九十八岁高龄，没有什么病情，只是在睡眠中没有醒来，就去世了！他接到鲁迅博物馆的通知，当时就去八宝山参加了遗体告别仪式。我真不知道自己该怎么办好！只能把他赠送给我的《王士菁文集》等十多本书籍，在书柜中重新看了看，又在书籍前面放上一块红布，以致悼念！

我是 1972 年在"文革"的逆境中发现鲁迅思想的真谛，1973 年决心竭尽全力投入弘扬鲁迅的事业，就开始访问了大量的鲁迅先生的亲友。我和王士菁先生相遇，很可能是在"四人帮"打倒之后，我带了《又为斯民哭健儿》等七幅描绘鲁迅的素描，去请成立不久的鲁迅研究会给予指点时遇到的，当时他们正在开会，没有深入的交谈。1981 年我的经济条件改善，又从书店里买来了不少研究鲁迅的著作，其中就有王士菁先生所著的《鲁迅传》和《鲁迅创作道路初探》。直到后来，等我发现《文化偏至论》是整个鲁迅思想体系一篇纲领性的论文时，在中国美术家协会任职的丁永道同学，又给我找来了一本王士菁先生 1978 年出版的《鲁迅早期五篇论文注译》，其中就有《文化偏至论》的注释和白话译文，给了我很多的帮助。1996 年我在《方法》杂志上接连发表了《〈人之历史〉——鲁迅的方法论》《鲁迅的一篇纲领性论文——〈文化偏至论〉》《何物"鲁迅新宗"》《鲁迅立人思想的成因》《立人和新兴的无产者》等五篇论文。接着又以中国古代注释四书五经的办法，对《文化偏至论》重新做了注释，鲁迅的原文都用大字，所有的诠注都用小字排在原文之中。凡有引用王士菁先生的，就标明"王注"或"王译"。2001 年 6 月，这本鲁迅原著、裘沙诠注的《新诠详注〈文化偏至论〉》终于由山东文艺出版社出版了，很受欢迎。中国萧军研究会为此前后召开了三次学术研讨会。北大教授钱理群立即发表了专题评论《坚守我们的信仰，在今天的中国》。当时，我也想到应该把这书送给王士菁先生，请他指教，但又很有顾虑，怕他看了是否会不高兴？这是因为过去都认为鲁迅是于 1919 年"五四运动"时才认识到马克思主义的，而我发现：1902 年梁启超在《新民丛报》上已经提到"人类将来之进化，当有何途，当以何为宿。……今之德国，有最占势力之两大思想家：一曰麦喀士（即马克思）之社会主义，二曰尼志埃（即尼采）之个人主义。"1906 年 10 月 1 日，在日本东京的青年鲁迅，于《平民新闻》社会见了日本社会主义运动的先驱堺利彦，并购得了他主编的五册《社会主义研究》，里面就有他翻译的《共产党宣言》的第一个日译本。这样，我就按照马克思主义的观点来诠释《文化偏至论》了。直到 2002 年 10 月，我在一次聚会中遇到了王士菁先生，很亲切，我就把带去的一本《新诠详注〈文化偏至论〉》送给了他，并请他指教。这已经是我赠送出去的这书的第一百五十本了。10 月 23 日，他在百忙中给我写了信，全文如下：

裘沙同志：

《新诠详注〈文化偏至论〉》早已拜读完毕，因为当时赶着校对一部清样，未能及时给你去信。非常抱歉！请谅。

对于此书，你确实下了许多工夫，付出了一些心血；读后，我确实获益匪浅！

此书确实称得详注。你旁征博引，充分利用了许多工具书，所引都是恰当的，或比较恰当的。这节约了读者许多时间，而你却付出了艰巨劳动。当然，这一些劳动都不是浪费的，大多数的读者，从“详注”中对于鲁迅先生的原著一定会获得更多更深的理解。

作为该书的“附录”的几篇论文，也是很有价值的。这不仅对于初学者在学习方法、思想方法上起到指导作用；对于我们从事专门研究工作的人，也有很大的启发。其中特别是在如何对待外来文化，如何吸收并有利于我国文化的发展，尤其是在“立国”“立人”方面，你的论述都提到了一个新的高度，新意迭出，言人之所未曾言，把鲁迅研究工作向前推进了一大步，细心的读者从其中必将得到新的收获。

对于鲁迅先生的“拿来主义”，我也想做一点系统的研究工作，但兹事体大，牵涉方面很多，总是下不了决心。读了你的专著之后，得到了不少的启发和教益；如果时间许可的话，也想在这方面下些功夫。

末了，我想到一点小意见：你在注文方面，旁征博引，确实花了许多时间，但对于初学者，似仍存在一些困难。如果在适当之处，再增加适当（不是大量）现代汉语（包括难字注音）注释，那就更便于读者了。

此书的装帧设计以及排版格式，都别开生面，这也是一个创新。我通读全书，未发现一个错字。你在这方面也花费了一些工夫。山东文艺出版社的认真负责精神也是功不可没的。特别是在目前出版情况下，我第一次见到这样装帧设计的好书！

匆忙写来，不妥之处，请指正！

此致

敬礼！

王士菁 2002 年 10 月 23 日

读到这封来信，真使我感慨万千！王士菁先生真是一位为鲁迅事业无私奉献的长者，值得我们好好地学习！当即叫我儿子裘小鲁用电脑将原信打印出来，寄给一直支持我的中国萧军研究会执行副会长萧鸣和山东文艺出版社为这书竭尽全力的责任编辑、我的学生韩济平，他们看了都很高兴。第二天，我又给王士菁先生去了电话，做了进一步深入的交谈。第三天，我又收到了他同时寄出的两本著作《杜诗今注》和《小天堂的毁灭》。到年底，他又给我寄来了一本新出版的《中国文学史——从屈原到鲁迅的通俗讲话》。对于王士菁先生的建议，我不但将《新诠详注〈文化偏至论〉》补充了现代汉语的注释，还把鲁迅的《人之历史》《科学史教篇》《摩罗诗力说》和《破恶声论》等四篇早期论文，也作了新诠详注。非常遗憾的是这五本新书至今未能出版。但这深入研究对我创作《世界之鲁迅画传》是有帮助的。

2004年6月，我的著作《陈洪绶研究——时代、思想和插图创作》一出版，我很快就给王士菁先生寄去一册，同时也与他通了电话，他十分热情。十天之后我就收到他的信，感谢我赠送他这"文、图精美的读物"，还建议我"请几位知识渊博的同志，写些介绍文章，使此书得以广泛流传"。这建议我却无力实现。陈洪绶是明朝末年一位热爱国家、热爱人民的大画家，鲁迅先生也曾经想出版他的画集，没有成功。他是中国古代画家中我最敬佩的一位。明亡之后，大清皇帝要他进京作画，他就自杀了！这史实也是我详细地考证出来的。最早欣赏我这部书稿的是美国学者葛浩文，他把它带到台湾，请柏扬帮忙，也没有找到出版社。这书稿在人民美术出版社整整压了十年，直到责任编辑于瀛波快要退休时，才尽力而为设法出版的。

这年9月，我奋斗了二三十年的《世界之鲁迅画传》初稿，终于完成。我总觉得还是应该把鲁迅的事业继续发扬下去为好，于是又考虑再构思出一组能概括鲁迅一生成就的壁画稿来，将来"世界之鲁迅美术馆"如能建成，这组壁画稿也可以作为该馆的序厅。于是在电脑上设计出一组壁画稿，又写出了序厅的说明，同时又给王士菁先生写了一封信。于9月20日由小鲁亲自送到王士菁先生家中，请求指教。很快就收到他的回信：

裘沙同志：

来信和《世界之鲁迅》序厅说明都收到了。图文对照，拜读多次，获得不少教益。您为鲁迅生平及其著作所作的绘画，在过去，大部分我都看到过了。这几幅《世界之鲁迅》更集中地表现了您的创作思想和绘画艺术。我仔细看了之后，更增加了我对于鲁迅生平及其著作的理解（虽然，我阅读鲁迅著作工作也有五十多年，但对鲁迅的许多作品仍不甚理解，或者说没有看懂)。现在,您以绘画作为手段,对于我学习鲁迅、研究鲁迅、宣传鲁迅,给予了很大的启发和帮助。我认为:用阶级分析的观点来研究鲁迅及其著作,那自然是对的;但不能庸俗化,如果庸俗化,那就是庸俗社会学了;如果“以阶级斗争为纲”,那则是错误的。看了您的绘画以后,使我对于人和人性的理解,很有启发。如果把鲁迅及其著作局限在一定的范围之内,加以论述,而没有从鲁迅对于人和人性发展的角度去论述,这是很不够的(过去我写了一些文章,也没有专门论述)。现在,从您这里得到启发,今后我如果多活几年的话,也想在这些方面做一些探索。这个意见,不知对否?

读了您的“序厅说明”,只想提一个意见,供您参考。这就是最后部分“论惨剧”问题。您引用世界范围内的一些思想家、作家、艺术家,来说明这个问题。这一方面固然说明鲁迅思想的深广,但同时也给人一种印象模糊之感,而没有突出鲁迅自己的特色。伟大的鲁迅应该有自己的特色的。我觉得:鲁迅自己的特色,应该强调(其实,您也都说到了)。

立人——立国——中国人的脊梁在世界上直立起来!这是应该特别强调的。

上述意见,未必准确,仅供参考而已。

匆此,即致

敬礼!

王士菁 2004 年 9 月 26 日

2005 年 8 月,王世家同志将《世界之鲁迅画传》向文物出版社作了推荐,1976 年我编辑的《鲁迅》照片集也是由文物出版社出版的。这次出版社的领导也愿意接受,但需要有三位专家论证才行。因此除王世家同志外,我们又请王士菁先生和王德厚同志来作论证。他们都欣然接受，为《画传》写了专家论证。王士菁先生还在作《论证》时给我写了信：

裘沙同志：

寄来的《世界之鲁迅画传》引言、后记及目录，都已拜读了。

你在这一工作上，作出了巨大的物质上和精神上努力，坚持时间之久，取得前人所未曾作出的贡献，实在令人敬佩！——不是客套话，实在敬佩！

遵照你的要求，写了一点意见（已超过300字），不知会用否？如不合用，请指出，我再写。

你在后记中涉及两件事，似可再考虑一下：

1. 毛主席和罗稷南的谈话。经过考察：纯系虚构，没有这件事。已有人写了六七千的长文，并且公布，加以说明。不知你知道此事否？你如要引用，请慎重考虑一下，以免对于你的《画传》发生影响。

2. 关于斯大林及苏联过去文艺界的评论问题。关于斯大林的功过，在现在的俄国存在不同的意见，现在这些意见更加引起注意。鲁迅及瞿秋白同志的文章中，并未涉及这一问题，我们似乎不宜说：当年鲁迅、瞿秋白的如何如何评价？请考虑。

匆此，即致

敬礼！

王士菁 2005年9月17日

《世界之鲁迅画传》论证

这是一部富有创造性的鲁迅传。

作者以绘画形式，描写了伟大的文学家、思想家、革命家鲁迅的生平事迹以及在文学艺术方面所作出的巨大的（伟大的)贡献。其中有不少方面,是一般研究家未曾涉及的,或涉及不深,或仅止于猜测,而没有作出进一步的分析和论述。在这部著作中,作者多年以来,锐意穷搜,经历了千辛万苦的收集和整理,并加以阐述、发扬。并作出富有创造性的论述。这对于鲁迅及其著作的研究工作者,不仅可以作为参考,实际上,是具有巨大的启发性的。有些资料是十分难得的,其本身也是很有价值的。

由于是《画传》,并且涉及方面很广,这就让读者发挥他的创造力和想象力了(因为很少文字说明)。对于书中涉及的众多人物(外国的、古代的),这就需要在阅读此书时,加以思考了(分析,甚至批判的)。这个不成熟的意见,仅供参考而已。

王士菁

2005 年 9 月 17 日

当出版社的责任编辑作了市场调查之后,却提出了压缩内容以求畅销的要求。首都师范大学王景山教授听到这消息,就特地来到我们家中,亲自从电脑中看了这部《画传》,认为原稿很好,不能压缩,也写了书面意见。出版社觉得这部四大卷的《画传》投资太大,读者又买不起,终于没有出版。对出版社的决定,我们毫不动摇;而王士菁先生等专家的论证,更鼓励我们继续奋斗,不断地增加《画传》的文字和图片。

2007 年 4 月,王士菁先生又给我发来一信,并赠我两本书:

裘沙同志:你好!

好久没有见面了,时在想念之中。你可能又有大作问世了。

最近,文物出版社、人民文学出版社出版了我的两本书,今寄上,请你指正。这不是客套话,主要是想得到你的批评性的意见,以改进我的工作。

《唐诗类选》,在上世纪50、60年代,已经编成。当时我在"人文"工作,为了避免利用职权之嫌,没有出书。不料在四十多年以后,竟和读者见面。

《中国字体变迁史》,这是鲁迅先生晚年想写的一本书。没有完成,竟成遗憾!我不揣浅陋,写了这本"简编",主要是纪念的意思。很想得到你的批评性的意见。

匆此,即致

敬礼!

王士菁2007年4月6日

8月8日,我给王士菁先生去了电话,告诉他我加工《新诠详注〈文化偏至论〉》的情况,他很快就给我回信,如下:

裘沙同志:你好!

非常对不起,没有接听你打来的电话。

我因耳朵聋,听力很差,所以电话听不清楚。因此,所有的公共集会(也就是各种场合的会议),都不参加了。实在是憾事!但亦无可奈何。

你比我年轻,还参加各种社会活动,我很高兴。在此,甚盼取得具体的成绩。

不知你还经常作画否?如仍然作画,对于鲁迅作品,除了现代小说创作之外,《故事新编》以及杂文等等,似乎也可以作为题材进行创作的。不知你以为如何?

想到了这些,随手写下,供你参考。

匆此，即致

敬礼！并祝全家康乐！

王士菁 2007 年 8 月 12 日

我在当年的日记中写下：8 月 15 日“得王士菁先生信”，17 日“给王士菁写信”，20 日“写完”，21 日“由伟君寄出”。我这封回信的底稿，现在却不知放在哪里了。鲁迅论文、杂文之图，我在 1981 年第一次举办的纪念鲁迅诞辰一百周年的画展中就展出了《生命之路》《前驱的血》《健壮的新芽》《中国的脊梁》《解放幼者》等五幅作品，1991 年在中国美术馆举行的纪念鲁迅诞辰一百一十周年的画展，展出的作品除了一幅鲁迅像外，全部都是论文和杂文之图，引起了观众强烈的反应。而《故事新编》的插图也于 1994 年全部完成。非常遗憾的是，我没有给王士菁先生寄去画展的请柬，当年鲁迅研究界的情况实在太复杂了。

2009 年 12 月《鲁迅大辞典》由人民文学出版社出版，我很快就去买来参考，这书编委会的副主编，就是王士菁先生。2011 年 1 月 19 日，我又收到由首都师范大学出版社出版的四大卷的《王士菁文集》，扉页上又有王士菁先生的题字：

裘沙同志指正

王士菁 2011 年 1 月 16 日于北京

真是可喜可贺！我得知他的地址、电话都已更换，便向《鲁迅研究月刊》编辑部核实了新址，作贺年卡致谢。在第一卷的《深切的怀念》中，当我看到《一个无私的忘我的人——纪念冯雪峰同志》《他手中真如捏着一团火——我所知道的〈瞿秋白文集〉出版情况并记冯雪峰同志》《雪峰著译书目——纪念雪峰同志诞生 100 周年》等文，也很使我感动。因为我和伟君也被冯雪峰同志认为是他“一生最后的两位朋友”，冯老一去世，我就写了《教益铭心忆冯老》，后来又写了《冯雪峰同志谈鲁迅补遗》，于《鲁迅研究资料》和《鲁迅研究月刊》发表。

前几天王士菁先生的长子王向明给我电话，说我和伟君去过他家访问，现在我们的记忆力很差，这一说确实唤起了我的回忆，但当时交谈了什么，是哪一年的事，仍然都想不起来了。他又告诉我，父亲和他都去参观过我们的画展。我想，这很可能是2001年9月，我们在中国现代文学馆举办的纪念鲁迅诞辰一百二十周年的画展，用两个展厅展出了我们一家三代为鲁迅著、译作创作的大量作品。查了我当年的日记，只有“拟定请柬名单”一句话，具体的名单却找不到了。当时我身体不好，布置好展厅就累倒了，参加开幕式之后，就有好多天不能去现代文学馆接待来宾了。王士菁先生来参观，也就见不到了。2013年7月，《鲁迅新天地——裘沙、王伟君的艺术求索历程》一书出版，也给王士菁先生寄去了一本。当时我们去邮局寄赠，忙了好几个月，几乎都没有打开书来签上名。寄给王士菁先生的这本书可能也是这样的吧。

我们献身鲁迅的事业，是自己的选择，不是组织的安排，因此困难重重，能得到王士菁先生的鼓励和支持，真是十分难得、异常珍贵的。

安息吧，敬爱的王士菁先生！

2017年5月26日

（作者系著名画家、清华大学美术学院教授）

忠厚长者,鲁研大家

——怀念王士菁先生

王锡荣

大约从我接触鲁迅研究开始,我就知道王士菁先生的名字了——掐指算来,那已经是四十多年前的事了——因为从 1976 年参加《鲁迅全集》的注释工作,读鲁迅相关的书就是每天的功课。不仅读鲁迅的书,而且读别人的回忆录、读研究专著。其实,在“文革”刚刚结束的那几年,可读的鲁迅研究专著实在并不多。其中,王士菁先生的《鲁迅传》是第一批必读书。所以,王士菁先生的《鲁迅传》,是我研究鲁迅的入门书。在我的印象中,当时觉得书中资料十分丰富,很多都是直接引自第一手的记载,所以十分准确,在我看来是十分权威的。后来听人说,有人对这本书评价说摘引资料多而创见少,但我是不以为然的。我当时这样看,而且迄今仍然这样看。我认为写鲁迅传固然要有自己的分析和解剖,要有自己的独到见地,但是我不认同那种把借写鲁迅传抒发自己理念的写法,写鲁迅传首先不应该是为了表现自己的观念,而是为了讲述一个更真实的鲁迅。王士菁先生是后者。

然后,开始注释《鲁迅日记》了,当时在注释组流传一本油印本《鲁迅日记人名索引》,大约至少有十几万字,里面收集了大量的鲁迅日记中记载的人物资料,按照姓氏笔画排列,检索方便。这本书更是我们搞《鲁迅日记》注释的秘籍。说到底,这部索引,是《鲁迅日记》人物注释的重要基础。假如没有这本资料,我们的人物注释工作不知道从何着手。而且,当我们来做注释的时候,很多相关人物已经去世,或者由于"文革"冲击,早已消失于人们的视野,根本无法再去收集有关他们的生平资料。我们很纳闷:是谁做了这么深入的调查研究工作?记载下这么多难得的资料,不然我们的注释是不可想象的。有人告诉我们说,这是王士菁先生和夫人杨立平等人做了大量调查访问后做的。很显然,是专门为注释《鲁迅日记》做的前期工作。在"文革"前谁有如此的眼光和能力啊?我们很敬佩。因为大家都想要用这个资料,所以我们把这份资料用刻蜡纸印刷的办法,复制成若干套,分装上下册,给大家做参考。我以前在工厂时,常常刻蜡纸,比较熟练,我又是注释组里最年轻的小字辈,所以,这刻蜡纸的任务就由我来担当了。至今,我还保存着这套油印本。每当翻书时看到它,就会对王士菁先生夫妇的贡献感念不尽。

尽管如此,我有幸得识王士菁先生,是在好几年后了。1980年初,我被借调到了北京的人民文学出版社,参加《鲁迅日记》的注释定稿、编辑和出版工作,在北京足足住了两年。当时我负责《鲁迅日记》中的索引部分文本整理。但是由于之前的资料还有很多缺失,我在1980年整个一年,基本上就把重点放在继续搜集、补充、核实、校勘资料上了。那时候,经常去的是《全集》的两位顾问唐弢先生家和戈宝权先生家。几天两头要去,有时候甚至天天去。我去的时候,总是晚饭后,一般是七点来钟。早了人家还在吃饭。那时候,戈宝权先生家住东城干面胡同内的东罗圈胡同11号。戈先生住1401号,就是一单元4楼1室。后来,不知道从什么时候开始,有一次去戈先生家,忽然发现王士菁先生就住在戈宝权先生家的正对面,也就是1402号(笔者记忆有误,是3402号,即三单元)。两家共用一条楼道。我不知道王士菁先生是什么时候开始搬到这里的,但是这个发现让我很兴奋。于是,之后也就经常登门请教了。

跟王士菁先生在一起,最大的感受,就是他的谦虚、低调和平易近人。第一次跟王士菁先生对谈的时候,我丝毫不感觉这是在跟一个饱学硕儒交流,而是跟一个谦恭的同道的聊天。他总是轻声轻气,据说他也曾经有过金刚怒目的时候,但是我见到的王士菁先生,永远是轻声细语的。他在言谈中竟然常常用请教的口气说话,或者讨论的口气,从来没有半点教训的、指导的口气,即使我露出幼稚之态,他也绝不会流露出轻慢之态。这也使我以后形成十分强烈的印象:凡是真正受到鲁迅思想精神影响的人,他们都有一个特别突出的风范:就是对青年人特别热情、耐心、谦恭。

由于鲁迅在日记中记载的人物太多,有很多人一直是缺乏材料的,还有很多人干脆就是“不详”。所以我一见到王士菁先生,就迫切地请教王老:当时他们是怎样搜集那些鲁迅关系人的资料的?还有哪些线索可以利用?现在还有那些人的联系方式吗?他却说,当时那都是他夫人杨立平还有别人做的,他没做什么。他让他夫人来跟我们解释。杨立平老师那时候也已经是个头发花白的老人,热情、亲切,十分好客,也是同样的谦虚。但她对我们说,“文革”把什么都冲掉了。当时他们所留下的资料,都在人民文学出版社的资料室里。她自己个人几乎什么没有留下,也不记得那些人和事了。我感到失望，但是我能够理解他们，他们遭受的磨难太多。这些事，对他们来说，已经是“往事如烟”。后来我到人民文学出版社的资料室里查过，也始终没有找着那些资料。好在她们编制的那份《鲁迅日记》人名索引，还是帮了我们很大的忙。应该说，他们在《鲁迅日记》人物调查中筚路蓝缕的开拓，为后来的《鲁迅日记》注释工作，铸就了莫大的功勋。

我跟王老谈到他的《鲁迅传》，想就其中的一些问题请教他，王老急忙说：“那本书有很多错误，你们不要看。我当时只是为了抛砖引玉。根本没有想过靠它出名什么的。”我想，王老大概是被“批判”得多了，甚或被人批为“敲门砖”，靠它出名了。所以那样说吧。但是我还是就书中涉及的一些史料问题，向他请教，他就自己了解的，还是给了我很多指点。具体内容，此刻已经记不太清楚了。

在李何林先生故去后，王士菁先生继任鲁迅博物馆馆长，那以后，由于我回上海工作，跟王先生接触少了。

1996 年，我在上海鲁迅纪念馆主持工作的时候，策动了一件事，就是筹建新馆。经过三年的筹建，新馆建起来了。我们在新馆里辟出一个区域，设立了“朝华文库”，其中专门存放跟鲁迅有关系的人物的文化遗存，包括藏书、手稿、书信、照片、证照、生活工作用品等等，实际上是一个小型纪念馆。这个想法得到了很多老前辈的支持，也得到文物主管部门的鼓励。有一次我去北京，特地到干面胡同内东罗圈胡同拜访了王老，其实我是无事不登三宝殿，去的目的就是想让王老把自己的藏书手稿等捐赠给我们新馆里的“朝华文库”收藏。

见了王老，我就把自己的想法一五一十跟王老说了，希望他能支持我们。王老对我的想法很赞成，认为这个设想很大胆，而且在征集文物方面是一个突破。但是,说到他自己,他却面露难色,他很抱歉地说:“小王啊!我的东西不能给你嘞!我已经答应鲁迅博物馆了,不好给你了!”说完赧然一笑,形势多少有点尴尬,他觉得很对不起我似的,但我一听,立刻“关机”。因为我明白,其实我的想法是有点过分的。王老是鲁迅博物馆的老馆长,虽然已经退了,但王老的积累之丰富,在鲁研史上的地位之重要,何人不知?鲁博怎么可能让王老的藏书旁落呢?何况,作为兄弟馆,我又怎么能去挖鲁博的“墙脚”呢?其实我们当时的想法,是1950年鲁迅夫人许广平把鲁迅在上海的五千五百册藏书,很多手稿,以及很多书信等等,全都运到北京去了,以至于我馆馆藏空虚,所以几十年来养成了拼命搜集文物资料的传统,馆里前辈有句话:在文物征集上要“打破难为情,拥护老面皮”,我们是为国家征集文物,没有什么好谦虚的。因为以前遇到很多征集的机会,就因为觉得不好意思开口,结果错失征集机会,成为馆史上的教训。所以我们当时认为,鲁博的藏品已经够多了,也不缺王老一个,倘若他们没有跟收藏者签约,捐赠者本人又愿意捐给我们,我们也没有什么可以谦虚的。但是,王老既然这么说了,我也欣然作罢。我之所以说“欣然作罢”,是因为我认为毕竟各馆的使命都是一样的,无论收藏在哪一家都是一样的:关键是不会散失了。所以,听到王老说已经跟鲁博有约了,我是真心感到欣然的。毕竟,我们可以继续寻找别的征集对象。在我看来,文物征集的路是很宽广的,只要我们更新理念,锐意开拓,文物有的是,甚至可说到处都是。到目前为止,我都是这个看法。

王老晚年退隐后,深居简出,几乎很少听到王老的消息。在十多年以前,我还到北京看望过王老。那是听说他身体不好,我到北京时,就特地去看望他。但是也只说了一些问候的话,因为他身体虚弱,不能说太多的话,也不可能谈业务和学术。近年更是几乎听不到他的声息。我感到,王老好像有点要实践鲁迅说的“忘记我,管自己生活”的遗言的意思。也因为他从来就是一个十分低调、谦虚的人,完全不图名利。但实际上,一个人在历史上的作用,既不会因为自己的吹嘘、鼓噪而变得高起来,也不会因为自己的低调、谦虚而低下去。古代信息封闭,尚且黄钟终有雷鸣时,当代信息社会,一个人的贡献,并不会那样被埋没的。近年写《鲁迅传》的益发多了,也有不少写得好的。可以说,各方面都有新的开拓和突破,但是,王士菁先生的《鲁迅传》,毕竟是中国人写的第一部,它在鲁迅研究史上的地位,是不可抹杀的。而王士菁先生的人格风范,尤其值得钦敬。他身上那种谦和、内敛的儒雅之风,是我学不来的。所以我概括王士菁先生的风范是:忠厚长者,鲁研大家。他的《鲁迅传》,作为鲁迅研究史上的经典之作,已经确立于鲁迅研究经典之林,他对鲁迅研究的总体贡献,已经确定地立于鲁迅研究的一代大家之列。

王士菁先生的故去,使鲁迅研究的大师阵容,又弱一人。哦,不!我想不起王士菁先生这一代鲁迅研究大家还有谁健在,我觉得王士菁先生大约是他们那一代鲁研大家中的最长寿者,也是最后一个离世的人了。他的故去,或许标志着一个时代的结束吧。但是,他的贡献,他的风范,是会长存的。

2017 年 3 月 29 日

(作者原系上海鲁迅纪念馆馆长、研究馆员)

敬悼王士菁先生

裘士雄

前几天，从张小鼎先生的电话中，我才得知王士菁先生已于去年10月驾鹤西去的噩耗，不禁思绪万千，感慨良多。他的道德文章、音容笑貌，又历历在目，犹在眼前。绍兴旧俗：人活到三十六岁，可谓够“本”，能称为“本寿”，如年逾“花甲”“古稀”之年，视为高寿，故高寿者仙逝有“白喜事”之称（婚嫁则称“红喜事”），循例要操办“白事酒”（素酒）。王士菁先生享年九十八岁，是在睡梦中安详地离世，名副其实的寿终正寝。耳闻目睹周边许多老者长期躺在医院的病床上，或抢救室里，被万恶的病魔折磨得死去活来，也很为王士菁先生的善终而庆幸。但他的去世是无情的事实，这样一个知识渊博的学者，仁慈忠厚的长者离我们而去，一种莫大的悲痛和伤感涌上心头，与他的遗属感受身同。

一生酷爱鲁迅

王士菁先生早年师从闻一多,1943 年毕业于西南联大中文系。1946 年入伍后,他历任《淮海报》《苏南日报》和鲁迅著作编刊社编辑,人民文学出版社鲁迅著作编辑室主任、副总编辑,中国社会科学院文学研究所鲁迅研究室主任和研究生院文学系主任、教授,北京师范大学兼任教授、博士生导师,北京鲁迅博物馆馆长等职。早在 1952 年加入中国作协,又出任中国鲁迅研究会副会长、顾问等。王士菁先生从上世纪四十年代末期开始了他的创作生涯,知识渊博,计有《瞿秋白传》《唐代文学史略》《杜诗今注》,长篇历史小说《雨霖铃》《小天堂的毁灭》,诗歌集《往来在六塘河上》和《瞿秋白文集》(参与编注)行世。而他的创作和学术研究成就主要在鲁迅,如《鲁迅传》《鲁迅早期五篇论文注译》《鲁迅创作道路初探》《鲁迅的爱和憎》和《鲁迅读本》等,有研究专著,有普及读物,有论文集。其中《鲁迅传》1947 年出版,是国人所写的第一本鲁迅传记,也是他的代表作,一版再版,1993 年第九次印刷中文本四千册,第八次印刷达一万多册,印刷发行量大,在鲁迅研究著作中称得上翘楚,并且它翻译成英、朝鲜、孟加拉、阿拉伯等许多外文版,在全世界发行,鲁迅能走出国门,走向世界,原因是多方面的,王士菁功莫大焉。他又是《鲁迅全集》《鲁迅大辞典》等巨著的主要编注者、指导者。须知,王士菁先生长期当报刊、出版社的编辑,为他人作嫁衣,又长期担任人民文学出版社、中国社会科学院研究生院文学系、北京鲁迅博物馆和中国鲁迅研究会等单位、团体的党务行政负责工作,耗费了他的大量精力和时间。他在这种状况下,能写出数量多、质量高的鲁迅研究作品,是很不简单的。除了天赋和勤奋外，主要是王士菁先生有一颗酷爱鲁迅的心。他的学习、宣传和研究鲁迅都是很到位的，是我们学习的楷模。

1986 年 10 月中旬，王士菁、杨立平夫妇应邀莅临绍兴参加鲁迅逝世五十周年纪念活动。15 日，他与巴金、萧军、黄源、楼适夷、陈学昭、赵瑞蕻、刘金、周瑾等先生发出采用集资的办法，在绍兴建造鲁迅铜像的倡议书。平时很节俭的王士菁先生很快汇寄五百元人民币。他一直很关心筹建鲁迅铜像的进展等情况，常来信来电询问。当鲁迅铜像接近建成尾声时，我以“鲁迅铜像筹建办公室”名义给王士菁先生写信，向他汇报鲁迅铜像筹建进度的同时，也请他题词。1990 年 1 月 30 日，他很快寄来了题词：

为了建设社会主义的精神文明
愿鲁迅著作永存
　鲁迅精神长在
　鲁迅思想永放光芒
　鲁迅形象永远活在人们的心中
敬祝
绍兴的鲁迅铜像建成

王士菁　1990 年 1 月
于北京

他在附信中讲得很客气，说“写了几句祝愿的话”，“算不上什么‘题词’，只是表示欣喜的心情而已”。

1986 年 10 月 17 日，王士菁先生在绍兴纪念鲁迅逝世五十周年学术研讨会和翌日在绍兴军分区礼堂举行的“绍兴市纪念鲁迅逝世五十周年大会”上均有精彩的讲话。他激动地说：“在中国文学史上，没有一个作家像鲁迅那样把自己的命运和整个民族的命运、人民的命运最紧密地联系在一起的了。鲁迅是中国新文化革命的主将。鲁迅是‘五四’以来无产阶级领导的人民大众的反帝反封建的文化新军的伟大旗手”,“这已经为无数历史事实所证明,是无可反驳、毋庸置疑的。”在高度评价和充分肯定鲁迅的伟大历史功德的同时,他也严厉驳斥当时贬损鲁迅的歪风邪气,责问道:“前些时候,有个别的人发表贬低鲁迅的文章。看来,他们似乎不大了解中国的历史,尤其是现代中国的历史,似乎也没有看过鲁迅的作品,或看了也没有看懂。这样,就想来否定鲁迅,这能说是一种科学的态度吗?”“当然,贬低和否定,这不能算研究,也谈不上是什么学术讨论!”他也旗帜鲜明地表示自己的立场和态度:“我不赞成目前流行的某些文章,作者往往没有任何可靠的事实依据,即按照他们的主观意图把鲁迅的生平、思想和著作任意加以剪裁,纳入某一思想体系之中。不是从鲁迅作品的实际出发,从作品中引出其固有的而不是臆造的结论;而是不问写作的时间、地点和历史条件,作品中所针对的具体问题,即断章取义地把鲁迅作品‘拿来’为他的‘理论’作证。”“这样的文章不管它加上了多少个‘新’名词,都是没有说服力的!”王士菁先生是爱憎分明的,他热爱鲁迅始终如一,立场相当坚定。每当社会上刮起一阵贬损鲁迅的阴风时,王士菁先生都立即勇敢地发声“回敬”。2001 年 5 月 8 日致《绍兴鲁迅研究》编者谢德铣先生的信中,王士菁一开头就当时贬损鲁迅的歪风表明了严正的态度:“近来有些情况,实在令人愤慨,但也不必为之担忧。鲁迅是伟大的。三个伟大是反对不了的,必将长期存在下去,而且历久弥新。无知小丑的狂言,不必太看重了。鲁迅先生如在世,当嗤之以鼻,连‘嘘’也不嘘的。‘尔曹身与名俱灭,不废江河万古流’。自古以来,都是如此。我相信:你和绍兴同志们的有关鲁研的著作,必将长期起到作用,现在如此,将来也会如此的。而有一些胡说八道,必将‘身与名俱灭’,则是完全可以肯定的。”王士菁先生是鲁迅思想和精神的忠诚学生、宣传员和践行者,又是鲁迅事业的勇敢卫士。我们从他的身上,看到了恩师闻一多的气质和风骨。

热爱鲁迅故乡　十分提携后进

说实话,在绍兴鲁迅研究群中,更有资格来忆写王士菁先生的文字的,是绍兴文理学院的谢德铣先生(1936 年 2 月 1 日—2002 年 1 月 3 日),遗憾的是,天不假年,他走得匆匆,六十七虚岁就被脑瘤夺去了生命;也有曾在绍兴鲁迅纪念馆工作过的张能耿先生,1934 年 10 月生,现住在医院,已丧失了执笔的能力;还有朱忞、周芾棠等先生,均已到了耄耋之年,早已搁笔了。而现在仍在从事鲁迅事业的人,年纪最大的也是“60 后”,与王士菁先生几乎没有什么往还。在这种状况下,我勉为其难。在他的晚年,在北京、绍兴等地一起参加多次鲁迅等学术讨论会,一起参加 2005 年版《鲁迅全集》的修订工作,我有幸亲聆他的教诲,也与他多次合影,我手头还藏有他写于 1986 年 10 月 8 日至 2000 年 12 月 21 日的十封书信(含贺年片)。在我的印象中,他对鲁迅故乡绍兴情有独钟,并爱屋及乌,非常关爱、提携绍兴鲁迅研究者。王士菁先生一再强调:“不了解绍兴,就不能够了解鲁迅,至少是不能够真正地了解。绍兴人民的生活是鲁迅文学创作的最初的源泉。”他本人先后五次亲临绍兴。第一次是 1950 年底,鲁迅著作编刊社一成立,王士菁先生和孙用、杨霁云等先生由冯雪峰同志带领专程莅临绍兴参观访问。第二次是 1951 年 7 月,他和林辰先生陪同孙伏园先生重返故里寻访鲁迅的足迹。第三次是 1954 年 3 月 28 日,王士菁先生与杨霁云先生联袂抵绍,主要是拍摄和鲁迅有关的地方、人物、历史背景等史料照片,为天津百花文艺出版社编辑出版《鲁迅画传》。第四次是 1982 年 10 月 26 日,中国鲁迅研究会与浙江鲁迅研究会在杭州联合举办鲁迅研究学术讨论会,他作为中国鲁迅研究会的负责人和鲁迅研究专家莅会指导,是日与全体与会者一起到绍兴参观访问一天。第五次是 1986 年 10 月 15 日至 19 日,王士菁先生应邀来绍参加纪念鲁迅逝世五十周年系列活动,如指导学术研讨会、参加纪念大会并在会上发表讲话等。他谦逊地说过:"每次到鲁迅先生的故乡,和绍兴同志们相处,都获得许多教益。机智、勇敢、勤劳、质朴的绍兴人民更给我留下了深刻难忘的印象。"甚至感慨地说:"我多么想做一个绍兴人,在那儿安家落户,学习绍兴的方言,从头开始,阅读鲁迅先生的作品,体味作品中的思想和艺术特色。"这让我联想起,有好几位鲁迅研究专家向我表示过:百年之后,希望能将骨灰撒到百草园,生生死死,与伟大的鲁迅在一起。可见,共同的事业,共同的信念,让我们广大鲁迅研究者的思想与言行达到了高度的一致。

从筹建绍兴鲁迅纪念馆开始,王士菁先生始终予以关心和支持。如他在上海鲁迅著作编刊社、北京人民文学出版社和北京鲁迅博物馆任职时,寄赠鲁迅著作和鲁迅研究著作,或指导制订陈列方案、提供展品,或共同举办纪念许寿裳活动、出版有关著作。他有鲁迅研究著作出版时,定会及时地寄赠。如 1990 年 4 月送了朝鲜文、英文、孟加拉文《鲁迅传》,1993 年 11 月,又送了阿拉伯文《鲁迅传》。1986 年 10 月 15 日至 18 日,浙江省文联、绍兴市文联、绍兴市鲁迅研究会和绍兴鲁迅纪念馆联合举办鲁迅研究学术讨论会,王士菁先生是在宁波参加巴人研究学术讨论会后于 10 日抵绍的,他抓紧时间将提交这次学术讨论会的四五十篇论文都阅读了一遍。王士菁先生在17日上午的发言中,在与我们绍兴鲁迅研究工作者的交谈和通信中,高度评价了绍兴的鲁迅研究成果。他说:“三十多年以前,作为第一个读者,我就读过张能耿同志的《鲁迅亲友谈鲁迅》的手稿。最近又有机会再次阅读谢德铣同志的《鲁迅作品中的绍兴方言注释》。朱忞、裘士雄、王德林、谢德铣同志写的《鲁迅在绍兴》,细致地描绘了鲁迅先生的故乡绍兴的风貌,准确地论述了鲁迅青少年时代的学习和生活情况,以及他在绍兴的工作情况……总之,由于绍兴同志们长期以来锲而不舍地深入细致地进行调查研究工作,和辛勤的艰苦的富于创造性的劳动,在详细占有资料的基础上,以历史事实为根据,写下了这许多很有学术价值的著作,因此,青少年时代的鲁迅,在绍兴工作期间的鲁迅,他在这一时期的生活、学习、工作、社会活动,以及围绕着他的社会环境、乡土人情,涉及他的人和事,以及和他有关的各种社会关系,他的思想最初的形成和发展,等等,基本上是搞清楚了,这对于我们在以鲁迅命名的工作单位(如鲁迅博物馆)和从事鲁迅研究工作(如鲁迅研究学会)的同志,不能不说是一个具体而切实的帮助。作为鲁迅博物馆的工作人员,我不能不由衷地感谢你们!对于你们的出色的工作,不能不表示极大的敬意!”王士菁先生的讲话和文章是出自他的肺腑之言,是对我们绍兴鲁迅研究工作者的莫大鼓励和鞭策。其实是我们要向他表示“极大的敬意”和由衷的谢意。王士菁对于我们是有问必答,有求必应的,他对我们晚辈的热情鼓励和提携,永远铭记在心,也鼓励我们像他那样热情地去帮助更加年轻的一代。王士菁先生的提携后进,是不分熟识和陌生的。

当时,鲁迅外婆家乡建有一个皇甫少年鲁迅研究会,在马培心、朱佑方等老师悉心指导下,有声有色地开展工作,他们欣悉王士菁先生等专家、学者来绍参加纪念鲁迅逝世五十周年活动，于1986年10月10日抵绍后不久叩访他们，王士菁也为这些热爱鲁迅公公的小朋友题词，曰：

热爱鲁迅，学习鲁迅，发扬鲁迅的革命爱国主义精神；

研究鲁迅，宣传鲁迅，继承革命光荣传统，为建设社会主义精神文明而努力！

这是我们大家的共同责任。

王士菁

1986年10月12日

于绍兴鲁迅纪念馆

我与王士菁先生互通过几封信，让我深切地感受到他待人诚恳，人格的高尚。1990年4月11日，绍兴鲁迅纪念馆为征集、收藏鲁迅研究著作作者签名本给王士菁先生写过一封信。4月30日，他复信给我，说："前几年，外文出版社把拙作《鲁迅传》译为朝鲜文、英文、孟加拉文，现寄去各一册，请查收。阿拉伯文本正在翻译之中，如出版当奉寄。"1991年9月25日绍兴鲁迅铜像落成后，绍兴市邮电局印制了一枚鲁迅铜像落成纪念张。1993年11月18日，我给王士菁先生写了信，并寄去两枚鲁迅铜像纪念张，一枚送他存念，另一枚请他题写一点文字，以示对鲁迅的敬意和缅怀之情。王士菁先生签字后于24日寄回，说："此张，设计精巧，印刷亦佳。见到此张的同志，都交口称赞。他们问我：不知可能从您处获得数枚否？如可能，请您惠寄数枚，他们就非常感谢了。"于是，我给王士菁先生寄去五枚鲁迅纪念张，12月19日他回信表示了谢意。11月24日来信的同时，王士菁先生寄赠了阿拉伯文《鲁迅传》，他又寄来两本中文版《鲁迅传》，"一本请纪念馆惠存，一本请您予以指教”。在扉页题有“士雄同志指正　王士菁 1993 年 12 月”的字样。回信中他还感叹道：“很想再回到青年时代，从头开始学习鲁迅著作，再次到绍兴访问，可惜都力不从心，只好说说而已。”人的生老病死，确是无法抗拒的、客观的自然规律，由于年迈力衰，对于王士菁先生实现重访鲁迅故乡这一美好愿望，显得何等无奈、无助和无情！但从他的三言两语的感叹中，充分表达了王士菁先生热爱鲁迅、热爱鲁迅故乡的赤诚之心！

对于前辈，王士菁是非常尊重和敬爱的。任举一例，2001 年 5 月 8 日给我们写信时，他说：“黄源同志也是我最尊敬的老同志之一，五十多年以前，初次见到他时，我还是一个不到三十岁的小青年。现在，我也成了‘老翁’了。时间过得真快啊！但愿他长命百岁！今后如有机会来杭州和绍兴，我一定要来看他。你如有机会见到他时，务必请代为问候。祝他身体健康，多多保重。”而对于小字辈，王士菁先生则是非常关心、爱护和支持。除了赠书、看书稿等外，拨冗为我们绍兴多位作者的鲁迅研究著作写序言、小引，不仅热情地鼓励作者，客观地评价图书，而且，也提供鲁迅研究、出版等方面的史料。如他在《鲁迅在绍兴》（修订本）的《序言》中回忆：“绍兴同志（包括鲁迅先生的亲属）所写的研究和纪念鲁迅的文章具有重要的意义，雪峰同志曾多次要我注意收集。在他的关怀之下，我征得作者本人、已故的则得到其亲属的同意，曾先后编辑并出版了乔峰先生的《略讲关于鲁迅的事情》、许季茀先生的《我所认识的鲁迅》和章川岛先生的《和鲁迅相处的日子》。周作人以‘周遐寿’的名义在上海出版公司出版的两本书：《鲁迅的故家》和《鲁迅小说里的人物》，在公私合营以后，由上海新文艺出版社出版时，毛主席看到了这两本书，他要乔木同志传话说：‘人民文学出版社为什么不出版呀？’雪峰同志于是要我写信给李俊民同志，和他商量把这两本书转给‘人文’出版，也编入上述这一系列书中。此外，还有一本周冠五先生（用观鱼笔名）写的《回忆鲁迅房族和社会环境35年间（1902—1936）的演变》，也以内部发行的方式出版。这一些绍兴人写的有关鲁迅及其作品的著作，对于研究鲁迅工作都曾起过应有的作用。”从王士菁先生所披露的鲁迅研究著作出版史料来看，许寿裳、周建人、周作人、周冠五和川岛等鲁迅亲友所写的这些书，是我们从事鲁迅研究工作的必备的书，是带有经典性质的作品。而王士菁先生所作出的努力和贡献也是显而易见的。他像一支蜡烛，照亮了我们研究鲁迅的途路。

谢德铣先生在编写、出版《鲁迅作品中的绍兴方言注释》后，广泛听取了读者、专家的意见，根据“词典”的编写要求，对释文又作了认真、仔细的推敲与订正，使词条的诠释更为精准，这种精益求精的态度，王士菁先生多次予以点赞。1993年8月，重庆出版社正式出版谢德铣先生的《鲁迅作品方言词典》，他应邀为这本鲁迅学习和研究的工具书写了《小引》。一开头就赞许“这是一件很有意义的工作”。王士菁先生几乎一生从事鲁迅的学习、宣传、研究和出版工作，接触面广，感知度深，他说：“多年来，读者盼望能有一部帮助他们阅读鲁迅著作的词典，对鲁迅长期生活过的绍兴及上海等地方言，加以诠释，使读者能够正确、全面、深刻地理解鲁迅思想和艺术。”王士菁先生作为第一位读者，认为《鲁迅作品方言词典》“基本上是可以满足读者这方面的要求的”。他从专家的视角也深知“从卷帙浩繁的（鲁迅）著作中，采撷词语加以注解，这不是一件容易的事情；至于诠释其中的方言，难度自然更大；尤其是绍兴方言”，大有诠释者非绍兴人不可之意。

王士菁先生早在新中国成立之初，与中国科学院语言研究所的郑奠、国家出版总署的孙伏园和北京大学的章廷谦等绍兴籍专家、学者均有较多往还，他们都很关心，也很有兴趣和资格从事鲁迅著作中的词语（尤其是绍兴方言）诠释工作，但“他们都没有来得及做这一件工作，就离开我们了”，对于谢德铣先生完成他们的未竟事业，让他感到很欣慰，对谢氏的治学态度严谨，考订工作认真，“表示钦佩之意和敬意”。在《小引》里，王士菁先生还赞扬：“编者和出版社重视社会效益的远见卓识，也体现了对鲁迅这位民族伟人的深厚感情。”

王士菁先生安详地离世，这确实是痛苦和无奈的事实，我们写点纪念文字，是聊表对他的缅怀、敬爱和感激之情，但对他的最好的纪念方式，还是像他那样学习、生活和工作，像他那样拥戴、热爱鲁迅，不懈地宣传、研究鲁迅和弘扬鲁迅精神。

写于 2017 年 清明节

（作者原系绍兴鲁迅纪念馆馆长、
浙江省鲁迅研究会会长和绍兴市鲁迅研究会会长）

王士菁先生印象记

黄侯兴

我今年八十三周岁了,鳞片状的追忆,抒写我对王士菁先生的纪念。

遥想上个世纪五十年代中期,祖国正处在百花齐放、百家争鸣的兴旺时代,1956 年我考入北京大学中文系,偶然的机会,阅读了王士菁先生著述的《鲁迅传》,引发了我读鲁迅著作的兴趣,自此一发而不可收,对于我后来从事鲁迅研究有着积极的影响。北大五年寒窗,我通读了由人民文学出版社出版的《鲁迅全集》十卷本。我的毕业论文便是《鲁迅思想初探——兼论鲁迅小说里的知识分子形象》,此文可以窥出《鲁迅传》给予我的滋养。

有件事值得一提,郭沫若 1978 年 6 月逝世,这年冬天我在《社会科学战线》(季刊)第 4 期发表长篇论文《试论郭沫若的历史剧》。1979 年郭沫若著作编辑出版委员会(简称"郭编")成立,1980 年春,由王士菁先生推荐,把我从北京广播学院借调到"郭编",参加《郭沫若全集》文学编二十卷中的历史剧与散文的编辑注释工作,并于1982年经石西民先生决定,将我调入郭沫若纪念馆,任副馆长兼郭沫若研究室主任。这几年,我与王先生过从较密切,他为人质朴谦和,这个印象至今仍深印在我的脑海里。

王先生在鲁迅博物馆任职期间,我有时去看望他,他也忙里偷闲接待,彼此随意而谈,偶尔还陪我进馆内参观某些文物。

王先生很重视《鲁迅研究》杂志的筹划创办工作,1980年春天,他向我约稿,我因此撰写了《“阿Q正传”简论》,发表于同年12月的《鲁迅研究》创刊号上。

1994年我退休以后,忙于写书和出国讲学,与王先生的联系少了,不过我不会忘记我们之间长久的友谊。

啊!悠悠岁月,往事如烟。

2017年秋于北京

(作者原系中国社科院郭沫若纪念馆副馆长、研究馆员)

一息尚存，感念不已

——纪念王士菁先生

杨均照

六十五年前，我还是初中一年级学生的时候，就知道王士菁先生的大名了。

语文老师给我们讲评作文时讲到了鲁迅先生，他说鲁迅的文章是写得最好的，字字精当，句句精练，篇篇精彩，一个字也不可以改动的。又说，那样的文章，在国民党统治时代却是被禁止阅读的，只能偷偷地读，如果被反动派发现了，便会招来麻烦，轻则书被没收，重则坐牢甚至杀头。老师说话时声色俱飞，让我这个从小山沟走出来，第一次听到鲁迅名字的初中生，听了之后自然对鲁迅先生肃然起敬了。

下了课，我立刻跑到图书室去借阅鲁迅的书，但是从那间小教室取代的“图书室”的几个书架上，懒散地歪歪斜斜半躺半立的杂书堆中找不见一本鲁迅写的书，却有一本红皮封面的《鲁迅传》，这也令我喜出望外，马上取了下来，拿在手里好沉啊，真像一块大厚砖。我向教音乐又兼管“图书室”的老师提出要借这本《鲁迅传》，那位老师只略微摆动了一下脑袋，从眼镜框边放出两道光来照了照我说：“你读不懂的。我都读不懂呢。”我则执意要借，他只得答应：“那你就借去看看。”我捧着书，仔细再看封面，上印：鲁迅传，编著者王士菁。我把“菁”字还读成“青”呢。

从此，每天晚自修，我一做完作业，便捧出《鲁迅传》来读，花了一个多月时间，看的什么都不懂，里面有那么多的文学史料，有那么多的引文，一个从未读过鲁迅文章的初中生，读不懂也难怪啊。然而，我也并不是一无所获，我从中得到某些启示：一位解放前敢为鲁迅作传的人，一定是勇敢的革命的，敢于向黑暗和暴力挑战的勇士，他也是我所要崇敬的人！从此，“鲁迅——《鲁迅传》——王士菁”这三个特殊的名词在我的脑子里深深地扎下了根，伴随了我的一生。

世事常有出人意料的巧合。1979 年 11 月我从北京某机关调到成立不久的郭沫若著作编辑出版委员会，参与编辑《郭沫若全集·文学编》。想不到比我早到半年的一位同事居然是士菁先生的女儿王佳。我告诉王佳，我初中一年级时硬着头皮阅读《鲁迅传》的故事。因此之故吧，两人虽初次见面，谈话却无所拘束，俨然成了老同事。

然而，又一个另外类型的“意外”发生了。1981 年春节，我回浙江诸暨老家探亲，假期即将结束时，同事给我写信，说单位发生了“重大变化”，“城门失火”了，叫我立即返京。我回到单位时，一下感觉到“物是人非”了啊：上面派来了一位“支左”大员；“郭编”办公室的一名副领导调到别的研究所去了，还有一位副领导回了原单位；司机也走了，会计则正在接受审查，等候调离；不断有消息传出，还有几条“池鱼”也要被处理，他们是卢××，钟××，李×，康×，和杨××，据说这几个人是另外“线上”的人……，这到底是怎么回事呢？我蒙了。人心惶惶，前景未卜，无助又无奈啊。接着，关于康×和我的消息得到了证实，一天上午，那大员在院子里同“文学编”组长鲁×教授（从内蒙古某大学中文系借调来的）大吵大闹，原因就是他叫鲁教授不要安排康、杨两人的工作，说这两人“不能胜任”，而鲁教授则对他这种独断专行不能接受，争吵之激烈程度，毫不逊色于“文革”里两派的“大辩论”。

就在这样的时刻，士菁先生“临危受命”，来到了《郭沫若全集·文学编》编辑组兼职指导工作。他来了没几天，编辑组召开了一次全体会议，我第一次见到了敬仰已久的士菁先生。

我还能回忆起士菁先生在那次会上的表态发言。他说，他已经六十四岁了，精力和能力都有限，只能做点力所能及的事情，对诸如调人、筹钱之类的事，他都是爱莫能助，希望大家理解。会上，一位能干的“当事人”告诉与会者，说原来受邀参加撰写《郭沫若全集·文学编》注文的某师范大学的教师宣布退出云云，并痛陈她对他们的种种“不屑”。她所言的一切，对我来说自然如坠五里雾中。听完她的发言后，士菁先生也未置评，只是提议：那几位老师已经为我们付出过劳动，应该尊重他们的劳动，给他们写封信，表示我们的谢意，“秀才人情纸一张”嘛。“秀才人情纸一张”这话，我不仅觉得新鲜，更觉得耐人寻味。这次编辑会议，给我最大的收获便是有幸见到了士菁先生，并且留下了他的有血有肉的印象：他谦虚、平易、真诚、与人为善、说话不多而又不失幽默风趣，与我想象中的红皮封面的《鲁迅传》作者的美好形象差不多，可敬而又可亲。

然而，事态并不从此风平浪静，编辑会后不几天，那大员找我谈话，开门见山地告诉我，他已与中央某大报的新闻研究所领导联系好了，该所愿意接受我去那里工作，叫我马上去见面谈话，又说我大学里学的新闻专业知识到那里可以大有作为，“轻车熟路”嘛。几天前曾为我的“能力不胜”而与鲁教授大吵大闹，怎么几天后又认可我可以“轻车熟路”地去一个中央级的新闻研究所，我的进步似乎太快了一点，而他排斥异己的手段也未免太露骨了。我不假思索地拒绝了，理由是：一、这种关乎我后半生命运的事，领导作出决定前应该征求一下我本人的意见，尽管我是个人微言轻的草民；二、到那么大的研究所去工作，我将会更加“力所不逮”，东家不要的“次货”，可也不能扔给西家去。“交易”不欢而散。那大员当然也不会就此善罢甘休，接着又有消息传来，他竟要王佳“捎话”给士菁先生，说杨××、康×是否胜任工作，叫士菁先生考虑。这真的把我逼到墙角了。

听到这消息的当晚，我就跑到吉兆胡同24号士菁同志的住处，激动、坦诚、如实地陈述了上文所写的种种。士菁先生听完我的申述后，沉思了一阵，然后平缓地但掷地有声地说：叫我的家属“捎话”来反映意见，这样做本身就是不符合原则的，公事公办，办公室里的事，他应该自己对我当面说。说完，士菁先生沉默了。

“一言点醒梦中人”，士菁先生简单而又明了的话，不但平复了我的心绪，而且擦亮了我的眼睛，我知道怎样去做，至于自己的去留，那已经不重要了。

那个晚上，我觉得士菁先生更高大可敬了，他既是一位谦谦君子，又是一位察人于事、讲原则、有底线的学者，他不唯上，不唯权，不唯势，更不是想走捷径而肆意践踏小草之辈。我又一次领受了真善美与假恶丑的对比。

我决意“赖”在“郭著编委会”不走了，一“赖”就是十七年，虽然没有做出什么出色的成绩来，但我是尽了努力的，虽是“赖”，但不“懒”。

今年春节前，王佳打电话告诉我士菁先生已于去年逝世的噩耗，悲痛中我的脑子里却闪耀着“鲁迅——《鲁迅传》——王士菁”三个金光大词，同时想起鲁迅先生说过的一句话：死人倘不埋在活人的心里，那就真正死掉了。是的，士菁先生永远活在我的心中，我一息尚存，便将感念他至生命的最后一刻。

2017 年 10 月 30 日

（作者系中国社科院郭沫若纪念馆副研究馆员）

深切怀念王士菁先生

陈福康

去年约年底时，忽在报上看到王士菁先生逝世的消息，心里一阵悲哀。又一位慈祥可亲的学界老前辈今后再也看不到了！前些时，人民文学出版社退休老编辑张小鼎兄打来电话说，明年是王先生百年诞辰，大家要写文章纪念王老，要我也来一篇。这是应该的。我想，虽然自己和王老交往不算很密，但王老是我非常尊敬的前辈，也是我博士论文答辩的老师。

我记忆力越来越差，最早怎么开始与王老联系的，已记不太清。但一定是与我研究鲁迅、向王老请教有关。例如，记得大概是二十世纪七十年代末，我读王老解放前出的《鲁迅传》，忽发现书中排印的版式、字体不一致，感到奇怪，就写信问他。王老立即回信解惑。可惜那封信现在不知哪里去了，王老怎么说的我也记不大清了。又仿佛记得我读了王老回信后，还就此写过一则补白小文，发在某刊（《出版史料》？）上，但现在一时也找不到，否则我的回忆就可以更具体一点。总之，在三十多年前，我作为一个初学者，就曾向王老请教过，而王老则热情地赐教，那是我一直非常感激的。

后来发生过一件事，曾一度使我对王老有点“想法”。大概是1982年，我写了一篇文章，认为鲁迅早期在日本时发表的《人之历史》等五篇文言文章非常重要，闪耀着青年鲁迅的思想光芒，但其内容和性质主要是编译，不宜笼统地称之为“论文”。拙文寄给了刘再复兄，他当时正在社科院文研所编《鲁迅研究》杂志。此前，我曾写过一篇《谈〈阿金〉》寄给他，他回信说写得很好，但文章虽未点名，他却知道是批评厦门大学某老教授的，而这位教授正是他的恩师，因此他不好在自己编的刊物上发。于是他就把拙文交给林非先生，在林先生编的《中国现代文学研究丛刊》上发表了。这次，再复又回信说，他赞同拙文的看法，不过他的直接领导王先生看了不很同意，而王先生对他说的理由他也向我说不清楚。我明白又让他为难了，就把稿子要了回来（后在《解放日报》的内刊和《天津师大学报》上发表了）。当时，王老的著作《鲁迅早期五篇论文注译》刚出版不久，我曾认真拜读，非常受益。鲁迅那几篇文言文章对当代读者来说比较难懂，王老下功夫做注释，绝对是非常有意义有价值的。我只是不认同“论文”一词，也未必就是针对王老的，因为其他不少研究者也是这样说的。我的理由，一是鲁迅自己就说过那主要是编译，二是当时日本已有学者找到了很多鲁迅当年据以编译的原始材料，一对照就更清楚了。而当时王老年纪大了，又不懂日文，可能不知道日本学者的有关研究。我当时私下觉得，王老不支持发表拙文似乎缺乏一点“雅量”。

但不久我到北京拜访王老，他对我非常热情，毫无架子，他又对未发表拙文做了一点解释。总之我的曾经有过的一点点小小的“想法”立即消散得无影无踪。我好几次去过王老的家，他家非常朴素，但洋溢着书卷气，书桌后面一排当年商务印书馆影印的带书柜的《百衲本二十四史》给我留下了深刻的印象。王老告诉我，这是他年轻时省吃俭用买下的。儒雅的王老坐在那一壁书柜前，就是一道令人沉醉的风景。可惜当年没有现在的智能手机，我竟没有与这样的王老留下一张合影。

我在1985年考上北京师范大学李何林先生的博士生后，三年间与王老的接触就比较多了。例如鲁迅博物馆凡有活动，几乎都能看到王先生。李先生曾担任鲁迅博物馆馆长，李先生退下后就由王先生继任馆长。两位先生关系非常好。1987年底，李先生就请王先生作为我的博士论文审读人之一。当时王老对我的论文给予了好评，我曾复印过一份王老亲笔写的评审书，现在一时也找不到。论文答辩时，王老也是答辩委员会委员。按照旧时的说法，王老自是我的恩师、座师之一。

我博士生毕业的时候，李先生不幸查出得了癌症，不久即卧床不起。那我下面的师弟们失去了导师将怎么办？正当我们发愁时，李先生就想到了委托王先生照料我们。北师大也担心李先生故世后失去这个博士点（当时这个专业的博士点全国只有三个），也想到敦请王先生继任博导。有关领导与王老谈了此事，尽管王老当时工作非常多，他仍然义不容辞地同意了。我们都觉得这是非常合适的最佳人选。作为李先生的学生，我们非常感激王老，感到这是不幸中的荣幸。当时中文系派我跑腿，赴社科院文研所去取王老填写的博士生导师的表格。我早就知道王老的“资历”虽然没有李先生老，但也是老革命、老党员，看了他填写的表格就更清楚了。记得当时系里复印那份表格时多印了一份，我就拿了留作纪念，现在也不知放在哪里了。

李先生住院时，我们几个学生曾去探望，王老也去了，曾经在医院里与李先生、王先生一起留过影。此事我竟已忘记，最近大师兄王富仁逝世了，网上晒出了这张照片，我才看到，想起。更早还有一次，我去绍兴开鲁迅研究的会，王先生也去了，那次与王老在鲁迅故居前合过影。而且那次我在绍兴鲁迅纪念馆买了一些小的笺纸，就在绍兴请王先生用毛笔给我题过字。那张珍贵的笺纸我一定珍藏着，只是不知道夹在哪本书里了。

王老是老党员、老干部，和李先生一样，党性很强，平时话也不多，不威自重，但立场十分鲜明。记得有一次鲁博开会，我谈到当时有些人对周作人当汉奸的看法，王老就对我的看法表示支持。又有一次在丹东开有关王任叔研究的会，会后游览鸭绿江，导游指着江中一个岛说那原来是我国的，建国初某领导人访朝，对方提出要这个岛，某领导人就同意了。当时我们一起游览的一位同志很愤怒，说“老祖宗留下的东西谁也无权送人”，我正想发表意见，忽觉得不能“妄议”，加上王老也在边上，话到嘴边没敢说出来，回头看了一下王老，不料王老立即说：“这做法不好。”

我北师大毕业离京后，与王老见面就少了。一直到 2001 年，我赴京参加《鲁迅全集》新版修订工作，在第一次聚会的餐厅里，白发苍苍的王老一看见我，立即站起来大声喊我，我赶紧走过去与他热烈握手。当时餐厅里人很多，王老一桌又都是老同志，有的我还不很熟悉，王老对我一个小辈这样热情，引得别人都朝我看。王老对我的热情，我是永远不会忘的！

（作者系上海外国语大学文学研究院研究员）

谦和宽厚的长者

——怀念王士菁先生

徐斯年

我初次拜读王士菁先生的《鲁迅传》，是在上世纪五十年代中期就读高中一、二年级的时候。除系统、全面地了解鲁迅的生平、思想、著述之外，对我来说，最大的收获还在懂得了若要研究一个作家，首先必须认真研读他的全部著作；即使研究一部作品，最好也要下这样的功夫。

当时阅读的课外书，还有一部周汝昌先生的《红楼梦新证》，而且听说王、周先生这两部著作，都是在大学求学期间完成的。于是，我又非常羡慕他们那个宽松的求学环境。由于时代不同，我就读的中学虽然环境很好，但毕竟贯彻的是"全面发展"的教育方针，不允许学生花费主要精力去钻某个课题；然而，我从王先生和周先生那里还是获得了"主动学习"的经验——也就是在"应付"各科的同时，可以提前明确自己的"主攻方向"，从专业角度给自己多"开小灶"。这些收获，对我考入大学之后的学习生活乃至后来从事的学术事业,都有极强的“导向意义”。

大学阶段,懂得一点史料学、考据学知识之后,回过头去考察王、周两位先生的著作,我又悟到:王先生的《鲁迅传》是既注重“内证”又不忽视“外证”的,周先生的《红楼梦新证》则是既注重“外证”又不忽视“内证”的:他们都走的是“内外互证”的史学路径。上世纪五十年代以来,虽然一直在“痛批”胡适派的考据学和“史料史学”,我却私以为这是一条切实的、科学的治学途径。所以,在未认识王士菁先生之前,他老人家已是我的一位重要的学术领路人了。

1979 年秋,我被借调进京,参与 1981 年版《鲁迅全集》的编注工作,从而见到了仰慕已久的王士菁先生。

当时,《全集》前五卷已经付排,借调编辑和鲁编室原有编辑分为三个定稿组,分头为三种《且介亭杂文》、三种《集外集》以及《日记》《书信》《古籍序跋集》《译文序跋集》同时进行定稿讨论。士菁先生并未直接参与此版《鲁迅全集》编注的领导工作,但是作为 1958 年版《全集》的主要编注者之一,他在实际上起着重要的顾问作用。五八年版既是八一年版的基础,同时它的部分旧注又受到新注的“挑战”,特别是《且介亭杂文》中有关“两个口号论争”的注文(现在反思,窃以为“四人帮”将这个问题极端政治化固然别有用心,而五八年版和八一年版的相关注释,也是不同程度地存在着过度政治化倾向的——尽管背景、目的有别)。在当时的政治环境下,鲁编室领导的“组织观念”很强,凡属此类新注,均于交付定稿组讨论、修改的同时,分送相关领导、专家审阅初稿,听取指示和征求意见,士菁先生当然在内,而且他还经常到社里来,直接与大家交流。我的印象是:先生极其谦和,极其宽厚;非常尊重不同意见和持不同意见者,非常从善如流。

八一年版《鲁迅全集》出版之后，鲁研界的朋友不约而同地产生编纂《鲁迅辞典》的念头，而且形成了两个班子：一个以鲁迅博物馆的朋友为主，一个以人民文学出版社鲁编室的朋友为主。这种局面不仅选题重复，而且分散资源，因此，我记得是在 1983 年，实现了两套班子的合并。也正是这一年，士菁先生就任鲁迅博物馆馆长。次年，文化部发文正式成立《鲁迅大辞典》编委会，先生兼任副主编（主编为林默涵）。作为执行编委之一，我在此后阶段与先生接触较多，感受更深。

《鲁迅大辞典》编委会成立之后，面临的首要问题便是确定体制、体例。此前，分包相关词条释文写作的众多作者，有的是按"语言辞典"体例撰稿的，有的则是按"作家百科辞典"体例撰稿的。由于"初稿体例不一，质量参差，词条分类集纳失衡，缺漏甚多，难成规制"，所以编委会先就全书的性质和编撰体制问题，多次进行充分讨论。最后达成如下共识："本辞典是供研究鲁迅、阅读鲁迅著作使用的参考工具书"，所收词目"涵盖社会科学、自然科学等各个领域，犹如一部经鲁迅诠释的百科全书"；"力求展现鲁迅广博的学识，反映鲁迅的生活、创作、思想和学术风貌。"词条释文应包括两部分内容：一是词目本身的一般释义；二是叙述该词目与鲁迅的关系，"着重综述鲁迅的言论、见解和其他有关联的内容，力求全面、完整、客观。"①据我所知，上述决策，是在士菁先生的支持和指导下，由李文兵具体负责，组织相关执行编委完成的（其间曾多次向林默涵汇报）。我在上述过程中，再次领受到了王士菁先生谦和、宽厚，从善如流的风范。

① 引文均见《鲁迅大辞典·编撰说明》，人民文学出版社 2009 年 12 月出版，北京。

编委会成立之后的一个举措,便是全部“收购”此前两个班子业已撰成的初稿。由于初稿存在前面所说的种种问题,所以改写、重写、补写、誊清、编辑的工作量极其艰巨。如此一来,编委会的经费也开始拮据了。士菁先生为申请经费而花费了大量的时间和精力。我曾不止一次听他叙说奔走各方的情形。先生绝无“诉苦”“表功”之意,而是强调:你们只管放心干好了,这方面的事,由我来跑、来办!

编委会和人文社曾先后两次邀请有关责任撰写和编委参加定稿工作,包括马蹄疾、徐斯年、颜雄、韩之友、王景山、李允经、陈漱渝等,其间还得到鲁迅博物馆王世家、张杰、叶淑穗、赵淑英的大力协助。定稿人员中,我和马、颜、韩四人都来自外地,老马和我“驻社”的时间又最长(马蹄疾原名陈宗棠,但是我们习惯称他“老马”)。那时人文社的食堂已经关门,社里每天只供应一顿外卖午餐,早餐、晚餐都得自己解决。士菁先生说:这样不行,营养跟不上,身体会弄垮的。他先是提出为我们雇个炊事员,没有成功;接着又为我们联系好隔壁“语言所”的食堂,到那边“挂单”就餐。然而,一则当年这个食堂的伙食,实在不敢恭维;二则我们也不习惯一日三次往返两地,所以吃了一两个星期就不去了,继续自己对付。老马是弄了个电炉,自行开伙;我是依然早餐吃面包、酸奶,晚餐到南小街吃炒饼之类。先生得知之后一再表示不安,我们则对先生说:没关系,习惯了,而且每天都过得十分充实、愉快!这是真心话!

《鲁迅大辞典》的定稿工作,在时间上是与2005年版《鲁迅全集》编注工作重合的,然而前者要比后者晚出版四年,可见其过程之复杂、曲折,其工作之辛苦、艰巨。这里倾注着王士菁先生的心血!

我在从事鲁迅研究的经历中，有幸得到多位前辈学者的指教，包括林辰、李何林、周振甫、蒋锡金等先生，而王士菁先生在我脑海里留下的最深印象，便是“谦和宽厚”四个字。先生离开我们已经一年了，谨以此文寄托我的哀思和无限怀念！

（作者系苏州大学出版社总编辑、编审）

怀念王士菁

杨鹤高

惊闻王士菁先生逝世的消息，我的心中十分悲痛。2016 年 10 月 25 日他走完了九十八个春夏秋冬，人虽离别了，然而他那音容笑貌和崇高艺德却永远铭刻在我的心中。

我与王士菁先生相识是上世纪八十年代，当时我在县文教局负责编纂《沭阳文化志》工作，与他多次书信来往，并曾去北京他的家中拜访与交谈，聆听他的指教，使我受益匪浅，令我十分感激并生敬意。

王士菁是江苏沭阳人，中共党员，中国作家协会会员，北京鲁迅博物馆原馆长、顾问。1948 年开始发表作品，1952 年加入中国作家协会，著有《鲁迅传》《鲁迅早期五篇论文注译》《唐代文学史略》《鲁迅创作道路初探》《瞿秋白传》以及诗歌集《往来在六塘河上》，论文集《鲁迅的爱和憎》，长篇历史小说《雨霖铃》《小天堂的毁灭》等著作。他毕生致力于鲁迅研究，他是精耕细作、默默钻研的学者、作家，从不张扬，十分自谦，给我留下极为深刻的印象。

王士菁1918年出生于一个封建地主家庭，母亲姓王，是一个不识字的农村妇女，他的笔名即是从母系来的，母亲虽然不识字，但却鼓励孩子读书，说读书长大了能知礼节，能长见识。幼年的王士菁在非常闭塞落后的农村私塾里读"四书""五经"，十多岁时由于一个亲戚住在集镇上，才到离家十多里路的汤沟小学读书。入学不久，1931年"九一八"事件便发生了，停泊在连云港外的日本军舰上的飞机时来侵扰。学校一度停课。在上海、东海求学的汤沟小学校校友汤曙红、葛绍和等人回乡宣传抗日。王士菁受到爱国主义思想启蒙教育，给他以很大的影响和帮助。

小学毕业后考入淮安中学，因不久爆发了抗日战争，学校迁到大后方。毕业后即考入国立西南联合大学（北大、清华、南开）外国文学系。因仰慕闻一多和朱自清先生，由同学季镇淮介绍，得以认识闻先生并转入中国文学系。从闻一多先生学习《楚辞》和"唐诗"；从朱自清先生学习"宋词"。他学习特别认真，时常一个人钻研到深夜。课外，得到楚图南和李何林先生的帮助，学习鲁迅著作，并在地下党的领导下参加学生民主运动。大学毕业后，任中学和师范学校的英文和中文教师。抗日战争胜利后，王士菁回到自己的家乡苏北解放区，不久，解放战争爆发，他在敌后和土改工作时，曾在华中六地委机关报——《淮海报》做编辑和记者工作。他坚持到战地采访，坚持到战士和老百姓中去调查和交谈。有一次在采访中差一点被坏人暗算，多少人为他担心，而他并不感到后悔，仍然继续深入第一战线去了解掌握第一手材料，他说不能坐在犀甲写空头文章。

1949年，王士菁随大军渡江后，在苏南仍继续做党报编辑工作，同时又和吴天石同志共同筹备成立苏南文协。1950年，鲁迅著作编刊社和人民文学出版社合并，在冯雪峰同志的领导下，做

《鲁迅全集》《鲁迅译文集》(皆十卷本)和《鲁迅日记》的编辑出版工作,同时还协助冯雪峰做《瞿秋白文集》和方志敏烈士《可爱的中国》编辑出版工作,并从事"五四"文学和中国古典文学的编辑工作。其间,曾担任过鲁迅著作编辑室主任、"五四"文学组组长,人民文学出版社副总编辑和党委宣传、组织工作。"文化大革命"期间,因具体负责鲁迅著作注释日常工作,被"四人帮"在报刊上点名批评,并下放到文化部湖北干校劳动。

1979年调中国社会科学院文学研究所负责筹建鲁迅研究室等工作,并兼任研究生院教授及文学系主任,负责培养硕士研究生工作。从1983年起,王士菁任北京鲁迅博物馆馆长,后为顾问,中国鲁迅研究学会副会长,从事鲁迅研究,又兼任北京师范大学教授,兼做培养中国现代文学专业博士研究生工作。

在一生研究鲁迅工作中,王士菁扎扎实实地做了大量的工作,取得了丰硕成绩。1986年我在编纂《沭阳文化志》时,准备将王士菁先生编入"文化人物"栏目中,特写信与他联系,请他提供工作简历及著作情况。而王士菁先生却十分谦逊,对编辑文化志表示极力支持,而对他自己却不让编入文化志。在1987年9月3日给我的信中写道:"编辑沭阳文化志的工作是很有意义的,缅怀先行者,激励后之来者,对于我县的社会主义精神文明建设必将起到积极的作用,我非常赞成。但你们把我作为'沭阳县文化名人',我就不同意了。粉碎'四人帮'以来,许多人大兴编写《作家词典》之风,他们把我也列入'作家',我也一概感谢了。理由很简单,我不是'作家',更不是'名人',作为一个从事文化工作的人员,并没有做出什么有价值的可以称得上贡献的工作。回顾一下,吃了那么多的人民小米,受了党那么多年的培养,究竟为党和人民做了哪一些工作?实在报不出账来,非常惭愧!"

王士菁先生对自己非常自谦，他对鲁迅的研究那么细致，对编辑出版工作那么尽心尽责，哪怕是一个标点符号皆认真地对待，生怕出现差错，同时结合业务学习和工作需要，在解放前和解放后写过《鲁迅传》等十多部著作，而且还培养出诸多学术人才，怎么能说没有为党和人民做出什么工作呢？1988年4月，王士菁先生还特地寄给我《鲁迅读本》《瞿秋白传》专著，后来，他还特地送我一本1962年出版的《鲁迅》一书，阅读后至今仍然收藏在书橱中。

1988年元月，我到北京参加中国作家协会、《人民文学》杂志社和鲁迅文学院举办的文学讲座，我决定趁此机会去拜访王士菁先生。1月28日上午听完了著名作家王愿坚讲课以后，下午便到王士菁家。几经打听，终于找到北京灯市口史家胡同西罗圈老楼三门四楼他的家。在他的客厅里，只见桌上摆了许多书籍、文稿之类，书橱里也摆满了多种书籍资料，顿使我感受到学者之家的氛围。

在我的眼里，王士菁先生那微胖的脸上始终布满了可亲的笑容，他没有架子，不以学者自居，而从谈吐中显得极平和、谦逊。谈到将他写进"沭阳文化名人"之事时，他说："对于故乡的人民，我一直都很怀念。我在参加革命工作后，年年都要参加生产救灾工作。年年都要和他们在一起，喝稀饭，吃野菜，正是这些勤劳勇敢的人民，把他们的儿子、她们的丈夫送上人民解放斗争的最前线，为新中国的诞生，作出了巨大的牺牲和贡献，我们应该多歌颂他们！像杨锋同志这样的人恐怕不少，现在我们为这样的同志'树碑立传'，对于促进我县的教育事业恐怕是更有现实意义的，像我这样的'空头文学家'就不必提了。"

他的谦虚、真诚之言使我的心头震撼，在这位长者与学者面前，我内心觉得他是我的楷模，他把知识奉献给社会，把荣誉留给别人，在我的眼中他是一位“德艺双馨”的作家，是我们沭阳合格的文化名人，更是我学习的榜样。

王士菁先生，安息吧！

（作者原系江苏省宿迁市作协副主席）

王士菁——鲁迅研究大师

黄 葵

王士菁，原名葛秉曙，江苏沭阳人。1939年北京大学中文系学生，与冯钟芸（任继愈夫人、冯友兰侄女）同班，较周祖谟、余冠英、詹瑛、阴法鲁、吴晓玲、季镇淮低一年级，较吕德申、王达津、马识途（马千禾）、常教等人高二年级，他们是先后同学。当年他们班才九人，除冯钟芸、王士菁外，尚有傅爱莲、邝维坦、王均、李荣、张卜庥、钱鞮、沈羲铃七人。抗战期间，自北京流徙西南，在西南联大毕业。在同学中，王士菁算是朴质而有才华的人。1936年鲁迅先生逝世，社会反响很大。他喜欢鲁迅作品，认真研读鲁迅作品，并很快撰写了《鲁迅传》。这是中国第一本关于鲁迅的传记，社会影响较大。“文革”前再版过，“文革”后也再版过，并赠送了我一本。

解放前从军，参加革命，执笔从戎，当记者，搞宣传，是叶飞将军手下的一个笔杆子。解放后到新闻出版总署工作，“文革”前任人民文学出版社副总编辑，主持《鲁迅全集》编辑出版工作。可以说，《鲁迅全集》《鲁迅书信集》《鲁迅译文集》等是他倾注了全部心血的编著。在文化界，人们十分钦佩他的职业精神，十分肯定他的杰出成绩。“文革”前出国是极难的，他曾作为中国文化代表团成员到过越南等地。他任副总编辑，主管鲁迅编辑室、古典文学编辑室等部门，是社中的主要业务领导。

我在北大上学时，1961 年 5 月 9 日王士菁到我们专业开了一个讲座课《谈谈〈鲁迅全集〉的整理工作》，谈了鲁迅著作整理的经验和体会，对我们启发很大（详见《北大从师记》）。这也是我第一次认识王士菁先生。从那以后，四十多年来，我们成了十分要好的朋友、同事，结下了很深的情谊。

“文革”中，他自然受到冲击，无非是“走资派”“修正主义分子”之类莫须有的罪名。1969 年 10 月，他和夫人杨立平一起下放至文化部“五七干校”十四连（人民文学出版社），开荒修路，犁牛倒耙、插秧打谷，样样都做。有一次为菜班犁地，我和他各犁一块地，中间休息时，还一起喝水聊天，交流犁地耙田经验。在烈日下戴着草帽，谈笑甚欢。

我们干校后来走了些人，连队合并，十四连与十六连合并，我任菜班班长，他夫人杨立平也到菜班。大家一道劳作，相处十分融洽。

1973 年 7 月，我们一起被“分配”（实为“发配”）“支援边疆”，一道在广西大学中文系任教，他当系主任，我任教研组长。他编写了《鲁迅文选》，我编了《关于〈红楼梦〉研究问题》；他教鲁迅及现代文学，我教古代汉语及毛主席诗词。工作上，他是领导；生活上，我们是朋友，彼此往来密切，堪称“通家之好”。记得编选《柳宗元诗文选读》时，他是副主任（主任为柳州市委宣传部部长），我是哲学组组长。当大组讨论《天问》一文时，××开黄腔，斥责我组成员，我与××论战，据理驳斥得他哑口无言。王士菁主持会议，坚持公道，否定了××的错误讲法，肯定了我的讲法。

王士菁在广西大学，与人合住一套房，十分不便（开始还在学生宿舍住两间，更是狼狈，其岳母、二女儿王佳也在），但他不计生活环境艰苦，矢志于学。他在人民文学出版社主管古典文学室时，组织人校勘、编辑旧注，集中整理杜诗古今校注，积累了翔实的资料。到了广西大学，他决心将它梳理、编辑出来。例如某一字句解释，从古至今，把所有注家所注依次排列整理；凡前人首先讲的，列于注中，后人重复的，删去不用。这样认真、细致、严谨的工作，十分辛苦。广西酷热，他日夜撰写，往往只穿一条裤衩，赤着身子，汗流浃背地写作着。几年辛勤写作的结果，编辑整理了一部十分科学的《杜诗便览》。这部书删繁就简，科学梳理，十分有用，后来交四川文艺出版社出版了。

"文革"后，恢复评职称，落实知识分子政策。因名额限制，校党委决定：首次恢复评职称，重点在"还债"，对资历十分强调：1960 年前大学毕业的评中级职称，评 80%；1960 年后毕业的人，原则不评，顶多拔尖一二人。王士菁是校评委会人员之一，不赞成这种做法，认为应当看学识水平、教学水平、科研水平，不能只看资历。但当时情势下，他的建议无法通过。评讲师时，原定只在工科拔尖一人。王士菁仗义执言，在评委会上说："像黄葵这样教学、科学水平高的人都不评个讲师，我这个教授也不够格！"学校尊重了他的意见，通过了我讲师职称。王士菁还据理力争，认为鲁原也很突出，也应当评讲师。经反复讨论，大家还是同意了王士菁意见，把鲁原也作为"拔尖人才"评上了讲师。现在看来，评个讲师不算什么，不成什么问题。但在当时情况下，却是一件不简单的事。撇开我自己而言，像王士菁这种精神，确实让人感佩。

王士菁这种人才，中央急需。1980 年由中组部出面，将王士菁一家调回北京，任命他为鲁迅博物馆馆长、郭沫若著作整理委员会副主任、社科院研究生院文学院负责人。夫人杨立平仍回人民文学出版社任编辑，王佳（著名主持人李扬的夫人）安排到郭沫若著作整理委员会做资料工作。临别时，大家难舍难分。到车站送行时，学校开了四部大客车，一百多人到车站送行。车站人不了解，以为是什么中央领导回京的送行呢。

1982 年 7 月，我调渝州大学任职后，聘请他为客座教授，并寄去了聘书。他回信感谢，表示有机会定到重庆讲鲁迅及著作问题。

1984 年我调成都，在巴蜀书社供职。其间，他的《杜诗便览》已在四川文艺出版社出版，他还签名赠送了我一部。后来，我约他编著一部简明的《杜诗今注》，他欣然应承，并在不久之后交了稿。出书之后，他还认真、仔细校阅，寄了一份“更正表”，为读者负责，复印后夹在新书内。对照当今众多作者，如此负责任的，确实少见。由此可见其治学、为人的严谨。

对于文化部“五七干校”那段生活，他和大家一样难忘，希望这种历史不要再现，作为人们的历史借鉴。李城外采访他，他一再讲明这个意思，李便借他的话作为文章题目，写了一篇《前事不忘，后事之师》的文章（已收入其《向阳湖采风》中）。

王士菁回京后，先住在小雅宝胡同（笔者误记，应是吉兆胡同），后搬至东罗圈宿舍（原沙汀所住房），现住华侨新村。这是他女婿、著名的电视人李扬（王佳丈夫）为他们买的一套舒适的住房。我们是通家之好，他们到成都，一定来我家；我们去北京，也一定去看望，连女儿黄江进京也去他家看望，至今一直保持着极为密切的联系，堪称“患难战友”加“流离同事”，有一份珍贵的挚谊友情。他夫人杨立平是一位资深编辑，编辑过许多著名的现代文学作品。例如,我在他家看到过浩然题词赠送的《艳阳天》小说,书前写道:“感谢杨立平先生的辛勤工作!此书没有您的着力润色加工,是不可能问世的。”但她是一位谦恭的人,从不炫耀自己。在家主事,真正是传统的内当家。所以,我给她的评价是:“对人是良师益友,当家是贤妻良母。”她写有一手好字,清秀隽逸,有文人书法的功力。王士菁《鲁迅传》再版时书面题签,便是她的手笔。

(作者原系巴蜀书社社长、编审)

“前事不忘，后事之师”

——访原北京鲁迅博物馆馆长王士菁

李城外

鲁迅研究，无疑是中国现当代文学史上最具影响力的一门学问。聊起这个话题，我们不能不提到王士菁先生。早在 1948 年，新知书店隆重推出《鲁迅传》一书，使刚满而立之年的他成为我国第一个为鲁迅先生作传的人。当时，许广平和周建人还分别为此书写了序言和后记，对作者的学术成果给予高度评价。新中国成立以后，王先生无论是在人民文学出版社干编辑，还是去广西大学当教授，或是到中国社科院做研究员，一直在孜孜不倦地钻研鲁迅，宣传鲁迅，捍卫鲁迅。

我采访王老，言谈内容自然也离不开鲁迅。老人首先回忆道：“1966 年‘文革’发生不久，7 月 1 日出版的《红旗》杂志第 9 期发表了阮铭、阮若瑛的批判文章，题为《周扬颠倒历史的一支暗箭——评〈鲁迅全集〉第 6 卷的一条注释》。这条《答徐懋庸并关于抗日统一战线问题》的注释，是中宣部副部长胡乔木布置，由我写的初稿。因为郭沫若、茅盾等大家都要过目，我十分慎重，请冯雪峰看后才打印送审。结果不料被二阮当成靶子点了名，当然，矛头主要是对准周扬、林默涵、邵荃麟的。那年中宣部成了‘阎王殿’，被打倒；文化部更是‘犁庭扫院’，要彻底摧毁，像汉朝时对待匈奴一样……由此可见，‘文革’的教训是不少的，这以后下干校便是其中（原因）之一。”

王老的平铺直叙，使我走进一段已渐渐远去的历史，不免生出几许感慨。事先我早知道，他于 1952 年夏进人民文学出版社工作，历任鲁迅著作编辑室副主任、主任，六十年代担任副总编辑长达十年之久。1969 年秋天，他带着夫人杨立平及子女下放咸宁。顺着话题，我便请他谈谈向阳湖的见闻和对干校的思考。

“向阳湖，是值得纪念的地方。”接着，他深情地向我介绍道，一是咸宁的老乡好。文化人在不正常的情况下到干校，有的人还受到管制，但老乡们并没有把他们看成专政对象。如有位李大爹，对初到时借住他家的十四连的同志特别热情，让人想起解放区的老乡。后来当地群众还手把手地教知识分子学插秧，不少五谷不分的人经过锻炼，达到了中等劳动力水平。二是地方的组织好，咸宁地区的党政领导都比较讲党的政策，没有把文化部干校和地方干校区别对待，也没有将北京人另眼相看，所以大多数“五七战士”在干校还是有收获的。有的人在劳动中体力大大增强，回城后生病比以前少多了。话说回来，干校的“阴暗面”更不容忽视。如搞斗、批、改，审查老干部，像长征老战士冯雪峰、老干部李琦、老学者金灿然等人都被斗争、批判，没有个是非。还有好多事出乎人的意料之外，有一位管理机械连队的军代表，身为教导员，却利用职权强奸女“五七战士”，严重败坏了解放军的形象，引起公愤，只好卷起铺盖离开。又如，本来平时大家都在一起，各人的品行、能力都彼此熟悉,可有的人一当上小头目,便神气十足,凌驾于众人之上,如同鲁迅早年讽刺的"一阔脸就变"……

我边听边记告一段落,然后环顾王老的书房,但见顶天立地的一排书柜里满是各种版本的鲁迅著作和鲁研资料,还有一尊鲁迅塑像栩栩如生,立在窗台前。于是,我向王老请教有关专业的问题,他马上回答道:"现在有人说鲁迅研究工作正统、教条、保守、僵化,这是片面的。我还是坚持认为毛主席对鲁迅的评价正确。鲁迅最重要的是硬骨头精神,做堂堂正正的中国人。反动派要杀他、逮捕他,他出门时不带钥匙,视死如归。国民党的通缉令没有取消,他一直战斗到生命的最后一刻。但是,我们不能因此说鲁迅百分之百正确,他也有批评人弄错了或过了头的时候,这只能放在特定的历史条件下来看。因为他批判过的人有的后来变好了,如地质学家李四光,新中国成立后便从海外回来报效祖国,这和鲁迅再没关系。鲁迅死后,对他作品的注释也有一些不妥之处,有的人并不反动,但被时髦的政治标准'判'过反动。"王老还举例说,一次他到西安讲学,有人提出来要讲鲁迅的缺点,他便讲了其局限性的一面,这丝毫不影响鲁迅的伟大。鲁迅自己也认为"金无足赤,人无完人"嘛!

王老的叙述观点鲜明,论证有力,不愧学者风范。闲谈中,我又了解到,他离开干校后曾调广西大学当了几年中文系主任,再调中国社科院工作,先后担任鲁迅研究室主任、北京鲁迅博物馆馆长,并主编《鲁迅研究月刊》,参与编辑和出版新版《鲁迅全集》等大部头著作,为开创鲁迅研究工作新局面作出了应有的贡献。他现在离休多年,一般不愿参加会议,主要是看不惯时下风气不正,往往讨论学术少,剩下的时间游山玩水多。而他历来主张专心治学,本分做人,从不乱花公家一分钱。虽然不在位了,尤其注重保持晚节。

老学者这种高洁的品格让人肃然起敬。访谈临近尾声，他还没有忘记对咸宁开发向阳湖文化资源表示自己的态度："现在，要想办成一件事情的确不容易。你们这项工作实际上是在为建'文革博物馆'打基础，虽然没有完成的期限，办事也要尽量考虑成熟一点，周到一点。你寄来《咸宁日报》上的'向阳湖文化人采风'，我都读了，重点文章看了一两遍。我的感觉，有的同志谈得深刻，但有的也不够真实。你们挖掘干校文化，关键是为了防止历史悲剧重演。前些年查'三种人'，很多打过人的人仍然没有事，这说明我们仍要警惕右，防止'左'。"有鉴于此，当我请王老留言纪念时，他信笔写下了大家熟知的一句话："前事不忘，后事之师。"

（原载 1998 年 12 月 5 日《咸宁日报》，
后收入《向阳湖文化人采风》）

（作者原系湖北咸宁市委宣传部部长）

士菁，西行路上，请慢走！

——悼念老伴王士菁同志

杨立平

你在黎明之前，四顾无声的时刻悄悄舍我而去。对于我，不啻晴天霹雳！我无法接受，也无力接受。哭你摇你，你竟无动于衷，自顾自不回头地走了。你曾否想到未亡人因回天无力，伤心欲绝？儿孙们因从此见不到你慈祥和蔼的笑容，听不到你语重心长的谆谆教诲，而悲痛不已！

回想过去，我们相依相守相濡以沫，半个世纪有余，红脸相对仅有一次。那是在五十年代初，“三反五反”期间，我同窗四年的大学同学、好友，在黑龙江一个中学任校长，当时也受到审查。她提出，我可以为她的政治清白作证。外调人员来到我家，我义不容辞地要为她写证明，但你认为，我和她阔别多年，国内政治斗争情况复杂，劝阻我不要为她作证。可是我对我的好友知根知底，我在大学组织半公开读书会（读马列著作）期间，她是其中的积极参与者，我是责无旁贷，义不容辞地应该为她出证明，你反对无效，也就由我去了。

在“文化大革命”期间，你曾被可诅咒的“四人帮”污蔑为追随原中宣部部长周扬，执行修正主义文艺路线的黑帮分子，还在各大报头版头条登载大批判文章。随之而来的是你无数次被“戴高帽”，在批斗会上罚跪、做勤杂工、扫院子，受尽折磨和屈辱，直到1969年被下放到湖北咸宁文化部五七干校，挨批斗仍未停止。

这时，我们原来和睦、团聚的一家八口人，被“文革”的浪潮冲得四分五散。我们夫妻俩，带着年近八十的老母和两个未成年儿女下干校；大女儿带病，下放京郊农村；大儿子，侥幸留在北京工厂；二女儿随全班同学奔赴东北生产建设兵团。

在干校期间，对你的批斗折磨并未停止。你被勒令白天在水田里用水牛耕田，晚上回驻地接着在批判会上挨批斗。你被派到厨房里当伙夫，劈柴，烧火做饭。在下厨时，你曾为怀念那只患难之交的水牛，作过一首诗《我的大老黑》（可惜没有留下来）。到后期，各种污言秽语，莫须有的罪名，继续劈头盖脑地砸在身上，使你曾有过轻生的念头。我知道，你不是受不了生平没有干过的体力劳动，你受不了一生没有受过的污蔑与屈辱。后来，我以膝下尚有五个未成年的儿女为由，苦苦相劝，苦苦哀求，你才打消这种绝望的想法，继续忍受种种难以忍受的锥心屈辱，度日如年地过完这段日子。

直到“文革”行将结束，曙光初现，晦气消散。1973年，你和一部分干校同志被下放到广西南宁，你被任命为这个团队的领队。在南宁，你受聘为广西大学中文系主任、教授。虽然远赴边陲，远离宣传鲁迅的专职岗位，但你以宣传鲁迅为终身职责，仍不忘在新的岗位上，继续宣传鲁迅的神圣责任。你在中文系专门设立研究鲁迅的小组，用鲁迅精神教育青年一代，并希望由此播下种子，使鲁迅精神得以在西南边疆代代相传。

这时因为我们身边无子女照顾,按当时政策,可以调一个子女陪伴身边,于是我们申请将远在东北黑龙江生产建设兵团的二女儿调来,随侍左右。因为原来随我们下放干校的老母亲与两个年幼儿女,都于干校结束前返回北京。两个儿女赶回北京,参加"文革"结束后的第一次高考招生,后来都考取了北京师范大学分校。

1976 年,鲁迅先生之子海婴同志曾向中央申请,调你回京主持完成"鲁迅全集"的再版工作,但被"四人帮"以"请隐士,举逸民"为由阻止了。直到 1979 年初你才被批准调回北京,但由于极"左"人士的阻挠,不能返回人民文学出版社任原职。后来被调到中国社会科学院文学研究所,仍从事鲁迅研究工作。1983 年,鲁迅博物馆馆长李何林同志离休,他向上级领导申请,调你到鲁迅博物馆接他的班,在这里你一直工作到离休。

新中国成立后,开始与多国建立外交关系。你曾被派到越南和印度,作为睦邻的友好使者,你都努力去完成任务。后来还曾被派去英国,被你婉辞了,自愿把机会让给其他同志。当时,这种美差别人求之不得,你却认为自己已出国两次,应该把机会让给别人。文化部的一位领导齐燕铭同志熟知你的为人,曾给你提过一副字"淡泊以明志,宁静以致远",真是一语中的。你几近百岁高龄的一生,也为这句话做了很好的佐证。在当今追逐名利的社会中,这种品质更显得十分难能可贵。

你从上海调到北京,先在人民文学出版社新成立的鲁迅著作编辑室当室主任,领导主持新版《鲁迅全集》(十卷本)的编辑、出版工作,同时期还出版了鲁迅著作的单行本。在解放初期,在全国范围内扩大鲁迅精神的影响,以鲁迅精神教育后世年轻一代。

无论在人民文学出版社的鲁迅著作编辑室、广西大学中文系、中国社会科学院文学研究所还是在鲁迅博物馆，你都时刻不忘，不遗余力地宣传鲁迅的爱国主义精神和嫉恶如仇的高贵品质，并且身体力行。你终身从事宣传鲁迅的工作，不是偶然的机遇所决定。你就读西南联大开始，从室友及亲密好友王均处得到解放前出版的《鲁迅全集》（二十卷本），即由衷地崇尚鲁迅的爱国主义精神和嫉恶如仇的高尚品德，并由此萌发了要宣传鲁迅，以鲁迅精神作为一盏明灯，照亮旧社会的黑暗面，以唤醒被蒙蔽在社会底层，受苦受难的芸芸众生的愿望。于是写就了解放前出版的中国第一部《鲁迅传》。这部著作一经出版，就在社会各界引起广泛影响。鲁迅先生的夫人许广平为此书写了前言，鲁迅先生的弟弟周建人写了后记。解放后，《鲁迅传》由中国青年出版社多次重印再版。1981 年起，由外文出版社译成英文、朝鲜文、孟加拉文和阿拉伯文出版。除了《鲁迅传》外，你还写了《鲁迅——伟大的革命家、思想家、文学家》《鲁迅早期五篇论文注释》《鲁迅创作道路初探》《鲁迅的爱和憎》等一批作品。

在物质生活上，你从来不提出任何要求。平时，书桌上，只要有清茶一杯，伴你工作阅读，足矣。饮食上，也从不要求山珍海味，粗茶淡饭，食之如饴。衣着上，单、夹、棉，粗布衣服可过春夏秋冬。我母亲为你缝制的中山装，虽不如商店里所售的样子挺拔，你也欣然接受，穿着它上班、开会，还曾去人民大会堂参加国庆招待会。住房方面，我们和女儿女婿外孙三人同住三间，每间不足十五平米的房子。一间作为你的书房，另外两间由我们与女儿一家分住，加上家具，十分拥挤狭窄。有一次，单位分房，分给你四居室一套，让去报销药费的大儿子把申请表带回来，让你签字。你却说，有的新调来的同志还未分到房子，我们有房子住已经很好了，不肯签字申请。你心安理得，我也就不强求。就这样，你挤在房间角落里你的睡床旁办公看书，自得其乐！

你一生忠于国家，忠于党，忠于职守，对于爱情也忠贞不渝，对于朋友是近君子远小人，你是个高尚的人，纯粹的人，是个无愧于党和国家的人，是人民的好儿子。你毫无预兆，毫无痛苦地安然在梦中离世。你骤然离我而去，我虽然感到痛苦万分，无法接受，但也为你无疾而终，不留遗憾，而感到安慰。

请相信，我会以你的高尚情操教育儿孙后代，让他们爱国，爱党，爱人民，忠于职守，做个铁骨铮铮，无愧于党，无愧于国家，无愧于人民的人。

（作者系王士菁先生夫人）

百年岁月，无尽思念

王晓明　王向明　王佳　王岗　王宁

2016年10月25日凌晨，家父安详地离开我们，走完了九十八年的人生历程。家父的一生，经历了太多的坎坷，遭受了难言的磨难，终于安享晚年，这是值得我们欣慰的事情。

家父于1918年3月出生在江苏沭阳的一个较为贫困的小村庄，所幸家境尚好，得以就读于淮安中学，打下了较为坚实的文化基础。抗日战争爆发，家父只身逃离家乡，来到大西南辗转求学，并于1939年考入西南联合大学外语系。不久，因为仰慕闻一多、朱自清等先生的人品与学问，又转读于中文系，得以亲耳聆听闻一多、朱自清等先生的教诲，不仅增长了广博的学识，也为此后的学术研究奠定基础。同时，家父深深受到老师们爱国主义和民主思想的感召，最终走上革命道路，成为一个忧国忧民、正直而富有良知的知识分子代表。

家父在西南联大读书期间，接触到了鲁迅先生的著作，并因此受到极大影响，在当时的中国社会，广大民众生活在水深火热之中，饱受战乱的摧残，而鲁迅先生用他的一支笔作刀枪，向着这个黑暗的旧社会勇猛开火，树立了无畏勇士的高大形象。家父在阅读鲁迅先生的文章时，被这种荡涤丑恶现象的大无畏精神所感动，开始着手进行鲁迅研究，并把研究鲁迅著作、弘扬鲁迅精神作为毕生追求的理想。

这时的家父只是一介贫穷书生，是同窗好友王均（曾任国家语委主任）出资购买鲁迅著作相赠，给予了无私的帮助，使家父在研究鲁迅时更加方便。几十年后，家父在谈及此事时，皆感慨万分，两人的友谊也一直维系了几十年，直到王均叔叔去世。

有了好朋友的无私帮助，家父在鲁迅研究方面也初见成果，撰写出了第一部中国人自己的《鲁迅传》，较为全面地介绍了鲁迅先生的生平，阐述了鲁迅精神。这部《鲁迅传》得到鲁迅先生家属的充分肯定，一经出版，在当时就引起学术界的高度关注，产生了广泛的社会影响，这种影响一直延续到今天。

在西南联合大学毕业后，家父经过短暂停留，即长途奔波，回到故乡，执笔从戎，参加人民解放军，为解放战争的胜利而浴血奋战。他在中国人民解放军十兵团任战地记者时，深入敌后，冒着枪林弹雨，出色完成了《淮海报》社的各项报导任务，并因此荣立二等功一次。在这个时期，家父显露出文学创作的才干，在《淮海报》上发表了一些诗歌，真实反映了解放区军民的战斗生活。

全国解放以后，家父脱下军装，再次从事文职工作。当年作为直接与鲁迅先生联系的党的代表，冯雪峰先生十分欣赏家父在研究鲁迅著作、传播鲁迅精神方面的才干，遂在1952年将家父从上海调到北京，专门负责《鲁迅全集》的编辑、出版和研究。家父历任鲁迅著作编刊社主任、人民文学出版社鲁迅著作编辑室主任及人民文学出版社副总编辑等职。在家父和编辑部各位专家学者的共同努力下，编辑出版了新中国第一部十卷本的《鲁迅全集》，为研究鲁迅思想、弘扬鲁迅精神做出了重要贡献。这套《鲁迅全集》的出版，代表了当时中国学术界鲁迅研究的最高水准。

家父在对鲁迅著作的编辑、注释和出版工作中，承担着艰巨的任务，繁杂的事务性工作，特别是对鲁迅著作的注释工作，难度极大。鲁迅先生知识渊博，行文苦涩，为了使广大读者能够读懂鲁迅，使广大青年了解鲁迅，增强爱国主义和民族自强的精神，家父呕心沥血，在注释工作中投入大量心血、时间和精力，可以说他的一生与鲁迅研究紧紧相连，是当之无愧的鲁迅研究专家。

那时我们尚年幼无知，有时翻看鲁迅著作，就其中的某一句话向家父提出询问，他都能够准确说出这句话在《鲁迅全集》中的某卷、某篇文章，甚至书的某页上。我们十分惊讶，佩服家父有着超强的记忆力。今天回想起来，我们才能够体会到，家父在鲁迅著作的研究领域是下了超人的功夫，才能够做到这一点。

家父在"文革"之初即因鲁迅著作的编辑、出版、注释工作而遭到"四人帮"及其爪牙在报纸上的点名批判，并由此被定为"走资本主义道路的当权派"（当时简称"走资派"），使家父在对鲁迅著作的研究方面遇到极大困难。但是，家父并没有放弃终生的追求，仍然在条件允许的情况下坚持不懈地从事鲁迅研究工作。

1973 年，家父离开湖北咸宁的文化部"五七干校"，特别受邀来到广西大学工作，为边疆贫困地区培养了大批文学青年，同时，也在广西大学开辟了一片鲁迅研究工作的新天地，而他在鲁迅研究领域中的工作也进一步得到延续。家父一边进行教学工作，一边从事鲁迅研究，此后陆续发表了《鲁迅早期五篇论文注释》《鲁迅创作道路初探》《鲁迅的爱和憎》等一系列研究鲁迅著作的成果，进一步推进了鲁迅研究的不断深入。

粉碎“四人帮”以后，家父调回北京，曾在中国社会科学院文学研究所从事鲁迅研究工作，并兼任研究生院文学系主任、博士生导师，为改革开放后的学术界培养新的人才。1983 年 1 月，家父调到北京鲁迅博物馆任馆长，得以再次全身心地投入到鲁迅研究工作中来。

在北京鲁迅博物馆工作期间，家父充分发挥鲁迅研究专家的重要作用和几十年来从事鲁迅研究所积累的宝贵经验，积极主持和参与了《鲁迅大辞典》《鲁迅年谱》《鲁迅手稿全集》《鲁迅研究资料》《鲁迅研究动态》等书刊的编撰工作，与鲁迅研究领域中的专家学者们一起迎来了又一个鲁迅研究的高峰。

在从事鲁迅研究工作的同时，家父对中国古代文学也曾经加以较为深入的研究，撰写有《唐代诗歌》《唐代文学史略》及《中国文学史——从屈原到鲁迅的通俗讲话》等著作。家父在撰写《中国文学史——从屈原到鲁迅的通俗讲话》一书的序言（即《写在前面》）中明确指出，这部专著的目的就是要向广大民众普及中国文学史的基础知识。而在这些基础知识中，宋代文人范仲淹“先忧后乐”的民族精神、清代民族英雄林则徐“苟利国家生死以，岂因祸福避趋之”的爱国精神是应该特别加以强调的。

此外，家父还创作了两部历史小说，一部是《雨霖铃》，以杨贵妃为主角。这个题材的选定，是因为鲁迅先生当年曾经想以唐明皇与杨贵妃的故事为主线来创作一部历史小说，而鲁迅先生的这个愿望一直没有实现。家父的创作是为了完成鲁迅先生的一个遗愿。

另一部小说是《小天堂的毁灭》，这部小说则是以太平天国运动为背景，纪念的却是老领导和老朋友冯雪峰先生。冯雪峰先生很早就参加了革命，曾经走过两万五千里长征，并以此为题材创作有长篇小说《卢代之死》。解放后，又曾创作有以太平天国运动为背景的历史长篇小说《小天堂》。前者因为“反右”运动而夭折，后者则因为“文革”而遗失。家父创作的这部长篇历史小说，正是为了完成冯雪峰先生的遗愿。正如家父在该书自序中所言：在人生的旅途中，“有一些人和事如过眼烟云，转瞬即逝。……但也有一些人和事，却久久不能忘怀。过去没有忘却，现在没有忘却，将来大概也不会忘却，仍时时萦绕在心头”。家父对冯伯伯的纪念和对中国历史的思考，都通过这部作品表达出来。

家父在对中国文学史的研究过程中，侧重点是在唐代文学和唐代诗歌，而在唐代诗歌的研究中，家父又特别侧重于对诗圣杜甫的研究，先后编纂出版了《杜诗今注》《杜诗便览》《杜甫词典》《诗圣杜甫》等专著。通过这些专著的编纂，家父把对唐代文学、唐代诗歌和诗圣杜甫的研究通过这些基础研究工作体现出来。前两本专著侧重点是在杜甫的作品研究，而后两本专著则是以诗人杜甫的一生作为研究重点。

家父在对中国古典文学的研究工作中，与上海复旦大学中文系的郭绍虞、北京师范大学中文系的启功等诸位先生交谊深厚，并被北京师范大学中文系特聘为兼职教授。上个世纪六十年代家父在主持人民文学出版社古典部的工作时，曾约请郭绍虞教授主编了一套《中国历代文论选》，并由人民文学出版社出版，在学术界产生了较大影响。启功先生得知家父多年从事杜诗研究，特别书写了杜诗“秋兴八首”赠与家父。

家父自从躲避战乱离开家乡，已经过去半个多世纪了，由于工作繁忙、生活蹉跎，一直也没有再回过故乡，但是他对故乡的思念却无时不在。当我们出差路过沭阳回京后，曾经向他叙述家乡今天的巨变，他却仍然牢记着当年故乡“饿殍遍野”的情景，并为今天的发展变化而感到欣喜。

家父的突然离去，给我们带来万分悲痛和无尽思念，哀自衷肠，痛彻胸肺；思尽肝胆，绵绵不绝。但是，人孰能无死，死得其所而已。正如北京鲁迅博物馆对家父的评价那样：“王士菁同志的一生，是光荣的一生，奋斗的一生，廉洁的一生，忠于信仰的一生。他始终相信党，坚定跟党走，为党的事业奋斗终生。他自我要求严格，生活艰苦朴素，严格要求周围同志和子女，表现出了一名优秀共产党员的高尚情怀和道德品质。”

淮水滔滔，沭河荡荡，就像是我们对家父的思念之长。松柏挺拔，傲雪凌霜，就像是家父远去的身影坚毅无比。让我们的思念就像那沭河的水，奔流不竭，绵远悠长。家父安息吧，我们会永远怀念您。

—— 儿女们写于 2016 年 11 月

怀念舅舅

葛 念

2016 年 10 月 25 日上午，晓明姐来电。开始我只以为是普通问候电话，当我听到大姐低沉且沙哑的声音时，心中陡然升起不祥之兆——要么大姐自己身体不好，要么舅舅舅妈有突发情况。大姐没有用含糊、含蓄的语言，直白地告诉我：我爸今天凌晨走了。大姐听我半天没有应答，又重复一遍：我爸今天凌晨走了。怎么会呢？前天我还打电话给舅妈，舅妈告诉我一切如故：舅舅生活有规律，每天仍然是看书、做操、打麻将，饮食起居也很规律，没有任何异常现象。后来听舅妈讲，舅舅 24 日仍然一切正常，下午还与舅妈、二姐一起打麻将，一起说笑，晚上也是看完新闻后安然入睡，哪知凌晨就驾鹤仙逝了。这也是应了老话：寿终正寝。这也是老天对舅舅一生忠厚、无私、淡然、淳朴、纯粹、慈善、和蔼的认可和报答。老人能够在无病痛中安然离去，也是我们晚辈在万分悲痛中一丝丝安慰吧！

我当晚紧急赴京，在赴京的列车上，我代表家乡四姐弟为舅舅写了副挽联：百余载生涯为家为国为民众，几番沉浮为俊杰；几十年追随是舅是父是良师，一生正气是贤人。舅舅一直视我们如子，我们一直视舅舅如父，舅舅这一走，此情何依？悲何如哉，痛何如哉！对得不工，也无文采，但我以为比较准确地表达了我们对舅舅人生的理解和我们与舅舅之间的深切的感情。舅舅，您在天有灵，会认同吗？

26日下午，我与向明哥，到北京协和医院接舅舅去八宝山。此时的北京阴雨霏霏，淅沥沥的秋雨从遥远的天际携悲而下，弥漫了整个京城，昔日车水马龙的长安街，此刻变得异常冷冷清清，唯有潇潇落水声，在空旷的深秋中哭泣。"天苍苍，日月为之无辉；地茫茫，万木为之含泪。"我与向明哥扶柩而行，舅舅近在咫尺，面色红润，然千呼万唤，不闻应音；衷肠难诉，泣泪沾襟。这是我陪同舅舅走最后一段旅程，真希望这十七公里的路程再长一些、再长一些，灵车开得再慢一点、再慢一点，我可以好好陪陪舅舅，哪怕默默无语。

在秋雨打窗的行程中，舅舅的往事一幕幕浮现眼前。舅舅原名葛秉曙，出生于江苏沭阳一个古老而美丽的村落——葛楼，家有良田千亩。外公葛兰辅是远近闻名的乡绅名贤，为保一方百姓平安，与土匪结下怨仇。外公在沭阳政府公干返乡途中，在马厂（地名）遭土匪埋伏，当时外公只带一名随身警卫员，因寡不敌众，外公壮烈牺牲。国民政府为表彰外公除暴安良，在葛楼南面下埠桥（音）树立高大墓碑，并建筑琉璃瓦碑亭及附属物。抗日战争期间，由于该建筑宏伟高大、目标明显，遭日本飞机轰炸，毁于战火。外公牺牲后，家里只剩下年迈的舅太婆、外婆、年幼的舅舅和我妈妈四人，外婆在王圻（地名）娘家兄弟们的支持下，艰难支撑起这个老的老、小的小的家。舅舅和我妈从小就被接到外婆娘家王圻生活、上学，直至各自学成。这可能是舅舅改名王士菁的缘故。

舅舅每次见到我都会询问葛楼、王圩及家乡的情况，问得特别仔细，甚至哪一条路，哪一条河现在怎么样了？农民收入、家乡企业、经济发展情况，农村污染情况，农民交通居住情况，一颗拳拳之心始终牵挂着家乡，关切之情溢于言表。听到家乡发展了，百姓日子好过了，村村通公交，户户住楼房，“葛楼大曲”走向全国了，现在的沭阳在苏北首屈一指了，舅舅由衷开怀大笑，连称：好，好，好。

在舅舅行动方便的时候，我曾经邀请他回乡走一走、看一看，舅舅说：不能回去。一来工作任务重，很多东西要写，要整理，时间非常紧迫，已经来不及完成了。二来返乡后地方相关部门会接待，会干扰相关部门的正常工作。前些年舅舅凄楚地告诉我：很想回老家看看，但现在走不动了。看着舅舅那无奈的眼神，我心中有种隐隐的痛，老人经不起车马劳顿，我们无法实现老人的心愿，我能理解舅舅那种老年思乡的心情。

舅舅一直教育我们要清白做人、认真做事。舅舅说：“我参加革命几十年，两袖清风，廉洁奉公，从来不占公家一点便宜，更不以权谋私，现在如此，今后更应该如此。”“年轻人做事情不要有盲目性，而要看清目标。一个人有出息，主要是在于为人民服务。这不是唱高调，一个人有了为人民服务的思想，无论遇到什么事，都不会发愁了。”舅舅，请您放心，我们一定不负教导，会一直坚持清白做人、认真做事。

舅舅已经离开我们一百六十二天了，“亲戚或余悲，他人亦以歌；死去何所道，托体同山阿。”很多故事已不复为事不关己者所忆，然在至亲晚辈如我等的心中，舅舅的音容笑貌总历历可见于目前。您曾经的抱负雄心，曾经的苦难挣扎，曾经的丰功伟绩，曾经的苦辣酸甜，总会烙下深深的印记，深深地植根于与您血脉相连的晚辈亲人的心中。如春风化雨，润物无声，终将会内化为我们终身坚守的人格和气韵，陪伴我们坚实地走向未来。

舅舅，您并未走远，您一直与我们同在！

二〇一七年清明 于杭州

（作者系王士菁先生外甥）

来往书信选编

许广平女士来信(八封)

一

士菁同志：

六月十四日函已转到，你们如此热诚整理有关研究鲁迅文件，深觉惭感之至，这是我的心愿而力有未逮，深信得你们的大力，必能有成的。

我所写的文字，一直没有整理，或有散失，亦不足惜。若有关鲁迅的一鳞一爪亦在搜求之列，也不反对，但比来一直没有时间从自己手头对照来信补充，若允许稍迟时日，以便查检一下，不知是否太久延了，其实一直没写回信，就是准备查复的。现觉拖得太久了，特先奉复。

许季茀先生文稿的整理，我想没有不同意的。但有一件，以前许先生自己做主，别人不会说什么话，现自他死后，他的两位"宝贝"公子，是否同意，尤其版权问题，我不敢随便作答。

您的《鲁迅传》，据我所闻，确觉引书太多，这在延安，书很难得，有此必要，可以理解的。现在购书不难，是否可重加斟酌，请卓夺。

《鲁迅年谱》好多人都在着手写，但最宜注意的是引别人文字，容易与事实不符，这点非特别注意不可。至有利条件是您和雪峰兄近便相见，较了解鲁迅，或不妨与之一商，鲁迅书简，我们搜集的，那里几乎都有，其他散见一二，亦大致如此，至于日记原稿已□京，抄本在我寓霞飞坊二楼靠西书柜内，或有抄本或在其他地方。因久不在沪，除非自己回去找寻之外，若属必需，或托雪兄到我家去一趟，在七月二十日前，海婴还未离沪，或可帮同找寻。我真抱歉，未能好好的帮助您，但望以后如有征询，当据所知以告。匆此敬致

敬礼！

许广平 一九五〇年七月六日

二

士菁先生：

海婴带来您的惠书，还是拖到现在才草覆数行。我时常惭愧，就是写回信这一点精神也学不到"鲁迅风"，其他更不必说了。

有些补充文稿，正托人抄，抄好当寄呈。您的两点意见都很对，青年们的名字，有些确可写出，但仍以傍人注似较妥。鲁迅与抗日战争一文，当时是合作的，故如此云云。现在自有不妥，究竟加注声明，以保原来情况好呢，还是修改或删去一二都可以的，我没什么成见。

关于注释鲁迅著作，要专门有一定时间才好。我有信去给文物局唐弢先生，提议将鲁迅出版社考虑专人管理，将收入做纪念。

出版、研究事业，如所集纳人才，从事研讨或较业余为有成就，但不知所想是否太远离事实了。

拙著若能出版，则麻烦先生之处实太多了，特先致谢。

我明天到东北转往朝鲜慰劳，同行廿余人，只不过随从大伙学习罢了，约计八月下旬回京。匆此，谨致
敬礼！

许广平 一九五〇年八月十日

三

士菁先生：

手书拜悉，拙稿改正错字、标点等，先生能拨冗万感。

编排次序，来稿所说甚妥。序文我想最好不要我写了，先生处所有的一篇《鲁迅与青年们》，不知是否从“文艺阵地”剪出，若不是的话，应以文阵的较妥，附在萧红的回忆鲁迅似有删改，内容、人名补出，亦可。萧红写的，他们已在补入了。雪兄甚忙，尚未见及，此间出版会议晤胡愈之，说及胡乔木兄意，鲁迅著作，读者买不到，应廉价选几本来注解、印售。此事拟托雪兄，要我先与之谈，这事如进行，似在京较妥，但恐他抽不出身来的。

我的字不好，照片也没什么可看的，“手迹、照片”，敬请赦免罢，一笑！

唐弢已见过，大陆新村房子闻经改变格式，要复之始能布置，恐在十月中旬了。日记要等我回上海找，他们不经手，找不到的。书可奉送，请凭条到霞飞坊六十四号向邵维昌去取。
敬礼！

许广平 （一九五〇年）九月廿七日

文稿不必另抄,请在稿上改正好了。报纸剪下背后有别人纪念文字的,请代保留,其余即不必了。我这里没人手,致多烦先生,甚歉!

四

士菁先生:

惠函及书五册已收到,勿念。

拙著得以出版,已属万幸,这乃先生辛苦予以协助所致,因与研究鲁迅有关,故不敢推却,若其他文字,并不成熟,且已过时,是否“可以已乎”? 近来生活转向事务,亦不执笔,恐难有收获,浪费印工,于读者未必有益,反令先生又忙碌一阵,亦不妥当。谨致

敬礼! 附函请便转致,谢谢!

广平 一九五一年五月廿一日

五

士菁同志:

北京文物局点记上海方面运来鲁迅书籍,觉应就鲁迅日记每年末附书帐对照一下,但日记印本须六月始出齐,他们急待整理,要求将日记抄本给他们一份,以前,我和杨霁云先生共同抄过,有四份底本,我的京寓里找不到,编刊社可能有存的,至少杨先生那里存一份,可否即设法寄一份来? 急盼之至! (日记原稿如已印完,请雪兄带回京,谢谢!)

陆续收到朝花夕拾、毁灭、南腔北调三种书,各五本,请通知书店一声为感,匆致

敬礼！

广平 一九五一年五月廿二日

六

士菁同志：

六月十九的信收到了，汇款昨亦递到，附上收据，便中请转为荷！

昨看到一本《鲁迅传》，是新少年传记丛书之一，钟子芒著，太平洋出版社出的，该社书内没有地址，无从通讯，不知是否在上海出版。其中根据事实，简单明了，给少年读，可说不致有害，但微有失实之处，是关于我的事情。书中说我“在敌伪时代，曾经给□口的叛徒捉到监牢里”，这是不对的，来捉我的是日本人，关在日本宪兵队总部，这是一。二，说我现在“担任了中央人民政府文化部分的工作”，亦不对。我现在的工作岗位是：中央人民政府政务院副秘书长。这些都是小错误，不过为了对读者忠实，则能设法通知（用编刊社名义）一下似乎较妥。因此感想到：编刊社将来最好能设一审查有关鲁迅的著作，以免讹传。而杜坏分子的颠倒是非（目前还没有，但周作人的著作是要批判地看）。

又想到一件事，鲁迅前为内山写一条幅（廿年居上海……），我曾借抄一次，后托王宝良（内山店伙友）还，他扣留起来了，此件似不应由他中饱。可否由编刊社或唐弢用纪念馆名义，通过光明书店王子澄（知他住处）向他借来陈列。因这条幅有鲁迅亲手指模，代图章，是唯一留下的指模，值得纪念的。

另外收到杨霁云先生二次来信，“控诉”常州住宅要住伤兵的事，后又来信取消。无论如何，他对住伤兵是有恐惧的，他不了解志愿军为国保家牺牲生命的精神，自己情绪颇有波动，不知社内有无学习机会，我以为他具有很浓厚的旧知识分子作风，同时对鲁迅著作的理解还是不够的，对鲁迅的牺牲自我精神未能体会，仅生硬的引鲁迅语句用出来，是不能令我同意的。共产党的真理是教育，用实际的思想行动一致来团结群众，杨先生的思想方面，还有距离。我希望你们对他多加帮助，这是否过分要求？

麻烦您太多了，听说不久您们可能北上，余盼面谈。此致

敬礼！

许广平 一九五一年六月廿七日

七

士菁同志：

兹有西北大学教授寄来鲁迅到西安时部分日记的编注，他为了这几十行日记用了两年功夫，很仔细地探研一番，是一种做研究工作的方法（若研究工作如此做去，是会发掘些东西的。现时研究鲁迅有关的工作，有些如王桐□，年已很大，再迟则这些人也不易见到了），倘予印发，足供治学方法之一助，但他的搜集工作，我以为有些博而欠精（大约因为自己辛苦得来，舍不得抛弃），若加以印发，则有些人如书中提及的蒋廷黻、胡适、傅铜等人物，如何分别考虑，是否有去留取舍的必要。附求鲁迅在西安讲稿，经本人校正过，很可为中国小说史提纲之助，也有些作者（鲁迅）意见，但因提到胡适二次，应否以人废言，请与雪兄商酌。若不能用，请代寄回西大，单同志是鲁迅研究迷，向来广搜鲁迅著作，曾编一册画传，亦博而不精，我劝其不付印的。致

敬礼！

许广平 一九五三年三月十一日

八

士菁同志：

有不认识的许玉洲来信，说有鲁迅书简，我当即回信有二办法，1，为寄来备照相，再寄还。2，为代照相，还款。近又接一信，则不止一封信，而且还要代为搜寻旧书，这非我时间、精力所许可。据来信所云，全是伏园兄弟之物，伏园近在京城，可否向他一询许玉洲是什么人，可否由伏园索回，借给我们拍照。即不然，向他了解一下这许玉洲是什么人总是好的。我自己不知如何处理好，特将二信送上，请予考虑作覆何如？致

敬礼！

许广平 一九五三年三月卅日

周作人先生来信(二封)

一

士菁先生:

日前从旧日记抄出关于鲁迅部分,编写成二十五节,题曰旧日记里的鲁迅。当作为"鲁迅小说里的小说"的附录之一。兹从其中抄出戊戌至癸卯(1898—1903)年份的数项,可以增订年谱的一些年月,甲辰乙巳年份无甚要紧事项,今故从略,丙午以后因日记不写,故亦从阙。专此即致

敬礼

(1956 年)九月七日 周启明

二

士菁先生:

日译鲁迅选集到了一册,另行寄奉

来信诵悉。文艺日报命写纪念文,本当奉命,唯我写回忆小品需要事实材料,而此项材料大部分已用了,无法补充。近一个月中勉强为各报刊写文,已显得渴蹶,不免重复。因此实在无可再写了。又过了二十日以后,应文联之召将出发旅行,更是来不及。本来唐弢先生亦是相识,实在对不起,尚希原谅是幸。

此致　　敬礼

周启明(1956年)九、十六

故又想到一变通办法。前应文汇报之约,为写小文数篇,其中有,鲁迅与范爱农一文,有范君遗札两篇殊为难得。而文汇方面嫌其太长(全文四千字),拟加节约,我本意任其节缩,唯也觉得可惜,既致函文汇特派员谢蔚明君(电话五二七一五)灯市口朝阳胡同三号,请其斟酌,如能将该转移给"文艺日报",似是两全之道。但在旅行之前恐不能得到谢君回信,只得请先生代为接洽矣。但原稿用后需要退还。因本月中答应将余稿退给青年出版社也。又及

和冯雪峰先生的往来书信(九封)

一

王士菁同志:

我后天(二十二日)下午动身,大约需二个多月回国。现在把这几点事写在下面:

1.《鲁迅日记》再版本寄到时我也没有细看,今天得你信才知道有错误和偷工减料。此事当然很糟!但也想不出好办法,只好算了。因此,引起我的警惕,怕《可爱的中国》也要(一)被他们弄得不好,(二)定价高当奇货卖。我另附上一信,请严正地和唐弢兄一谈(唐对上海出版公司关系颇深,这类事唐应负点责任的,我觉得他态度就不够严肃),如上海出版公司还能诚恳地改正态度,并愿意印出三千本,定价也不过高(具体地算一下成本),那么最好还是请他们出第一版。否则,不得已只好收回,需钱多少,制版好坏,都须算一算和调查一下,先由你们接收过来,将来(等我回国时)仍在上海印。需钱多少,你写信给郑效洵[①]转蒋天佐和许觉民[②]就是,我已经关照了。

2. 上海出版公司直接寄来的两部日记已收到,都已经分送了,不必再调换。

3.《死魂灵》收回版权事,仍请去催,以便早日收回。你要有一点"思想准备",这书店也是调皮的,如它不肯爽快交回版权,也不必同它闹,只三天两天去交涉就是。此书他们印得多年,其实只令他们停印就是。但可看一看纸版,如还可用,则照一般规定作价买来,我们可再印。

4. 全国的节约运动(毛主席亲自领导的)即将开始。你们的待遇不改,但其它的开支可节省竭力节省,如信封信纸等等一直到电灯等等都尽力节省。但冬天炉子仍应用,以保障工作效力。你们自己可以开一个会讨论讨论节约办法,主动来进行。

5. 关于你们的工作,你九月十五的信中所说的,我同意。现在也想不到别的意见。关于注释,我记得暑假时和你谈过一点,我个人意见还是以为初稿不妨详细些。材料仍需努力收集,必要的东西需要化钱不在节约之列。整个工作,仍照我们原定的方针与步骤。假如同志们都同意,你们每月可开一次工作检查会。关于学习,我觉得,除多看一些书之外,可提问题讨论,先就可提鲁迅作品和思想中的问题讨论以至争论。对鲁迅有深一层的研究是首先必要的。其次,你们相互提意见研究,也可以增加相互的友谊,增加工作的兴趣和活泼性。

我祝你们四位好! 也问殷、杨两同志好!

这信可请大家看一看。

雪峰(1951 年)十月二十日

① 郑效洵,当时人民文学出版社总编室主任。

② 许觉民,当时人民文学出版社经理部主任。

二

冯先生:

今天从报纸上看到您已回到北京的消息。现在把我们在这两月当中的工作,报告如下:

(1)《可爱的中国》已在十一月间出版了,印得比较《鲁迅日记》好了一些。书前的《说明》的清样,由我校了三次,又请孙先生校了三次,是没有错字的。应该注意的地方,在付印前及付印后,我都仔细检查了,都仿照您所寄来的样本做了。定价方面,事先和他们细算了一下(他们开了一张估价单子来,此单已寄人民文学出版社收存),一切费用都在内(连他们要赚的利润也在内,和外埠的邮寄费等),定价为一万八千五百元。这样,似乎还高了一些。书出版后,他们送来了七十本,作为版税;当即以编刊社名义寄江西省委会、省政府共三十本,并请他们转给烈士家属及战友们,他们也已收到了,并有回信来。谢旦如先生五本,编刊社二本,我自己一本,都已留下来了,还有三十二本(前些时候,已寄人民文学出版社,作为样书一本在内),今天挂号寄上,请您查收。

(2)《死魂灵》的纸型已收回。吴朗西先生很客气,他以文化生活出版社的名义,寄了一封信来(此信已转人民文学出版社),愿意把纸型相送,我又问他,要多少代价,他表示不要,也就算了。纸型现存这里,前些日子,写信问人民文学出版社怎么办?到现在,还没有回信,请您告知一下,以便办理。

(3)关于《鲁迅日记》的,①关于目录上的错字,已经在存书上(约有三百多本)改正了;已发行的也多陆续收回改正,另换新目录,但改正得并不完全,还有一部分没有收回来。②关于定价的,他们已自动减低了,本来可以减到二十万元,但因牵扯到中国图书发行公司的发行费用问题,只能减低到二十四万元一部,如此,似乎还贵了一些。③关于"偷工减料"的,他们自己解释,此次的纸头确是小了一些;事前没有想到,所以有此错误。

(4)关于注释工作,我们仍是照常进行,《坟》、《热风》、《华盖集》、《华盖集续编》等四书,都已作了互相审阅和修改补充,初稿算是完成,正在打字,因篇幅较多(约有十多万字),一时打不出来,所以现在不能寄您,待打字完毕,即寄您审阅。《而已集》、《三闲集》、《伪自由书》、《且介亭杂文》等四本,仍在注释中,没有完稿。(关于注释工作的详细情形,以及我们每个人一年来的工作、思想、生活情况、学习情形等,我当向您作详细的报告。)

(5)关于学习方面,我们已学完《实践论》,现在正学习《中国共产党的三十年》和《毛泽东选集》。

(6)关于节约的,我们在思想上已认识了,并把我们的用费,作一检查;尽量把可以省下的钱省下。今年上海天气较为和暖,火炉子还没有生,伙食费由三十单位左右省为二十单位多一些。大家情绪都还好,不致影响工作和健康的。

您在北京休息之后,是否还要作些传达报告呢?有没有可能来上海呢? 祝

健康!

王士菁(1951年)十二月廿五日

三

王士菁致冯雪峰信

“关于研究性的资料,这几月来,我收集和编辑了两本东西:(1)周建人先生过去写的关于鲁迅先生的文章,一共九篇,约为两万字,加上有很大参考价值的两篇附录,可以成为一本,内容没有问题,可以继许寿裳先生的《我所认识的鲁迅》之后,列为第三本出版,不知您以为如何?您如觉得可以,我即写信给周建人先生,询问他的意见。(2)从《河南》、《浙江潮》等杂志起,和鲁迅有关系的杂志发刊辞,有参考价值的启事等,和鲁迅有关的文学团体的主张和宣言,和鲁迅的文章关系密切或屡为他所抨击的对方文章(注释中无法容纳它的整篇内容的)约有十多万字,如加以适当的按语和考释,也是很有用处的。不知您认为有出版的价值否?如可以,我即继续收集,使它可能更包括得多一些。”

(1952 年 1 月 14 日)

四

士菁同志:

信(一月十四日发)收到。

一、你们都同意移京,就请如来信所说的准备,这边也从早准备,定六月底七月初移京。房子当先设法弄好,待遇也再商量罢,但不会太低的,编刊社办法可不同些。杨霁云同志人来家不来也可以的,他可以隔一些时候回去一次。

二、周建人先生的文章编集，很好，请即进行。

三、从《河南》……你所说的那些材料很有用，请收集，先抄成册，并加按语考释，出版不出版以后再说。但即使不出版，也须做这工作。

四、《鲁迅的青年时代》，希望你努力继续写，不必急于交稿，可去信说明。多研究，多修改，定可写得好一些的。

五、《死魂灵》新插图，现在只能不加了。百图以现在条件也暂不能再印，但不知文化生活社还有底版没有？请你就近查问一下，如有而仍可用，我们可作价买过来。

六、我在《文艺报》发表的《鲁迅生平及他思想发展的梗概》后面附有一更正，把邹容的《革命军》说成为小说，这又是错的。据见过此书的叶圣陶先生说是宣传小册。《革命军》有办法在什么图书馆找到否？望留心。我想看一看，我在北京方面，也留心。

前次我老婆请你买茶叶，你垫了钱，待将来来京时再还你罢。此致

敬礼！

孙、林、杨三同志及你夫人均此问好。

雪峰（1952年）一月十九日

五

雪峰同志：

最近从许觉民同志的来信中，得知您因病住院，并已开刀治疗，甚为念念。

您的体质是比较好的，开刀之后，经过治疗，想来一定会逐步好转的，祝您安心休养，早日恢复健康。您如果需要什么药物，便

中告知,能够办到的,我们一定努力去办。

最近因为学习和工作都比较忙,待放暑假再来看您吧。

祝

健好！问

冯师母好!

王士菁(1975年)3月30日

杨立平附笔问好

六

雪峰同志:您好!

好久没有写信向您问候了,今年暑假本想回来看看您的,后因忙于工作,没有回来。听立平同志说,您已出院,在家休养,且有好转,很是高兴。年纪大了,开刀之后,注意休息和营养,这对于恢复健康是十分必要的。

我们在这里,工作总是忙,关于法家著作的编审工作,今年年底可以告一结束。今后我想抽点时间做点研究工作。广西是太平天国革命的发源地,我很想在这方面作一点实地的调查工作,到金田村等地去看看也是很有意思的。您从前曾作过调查,现在还有人谈到此事。不作实地的调查,单凭书本知识,是很不够的。我不想写历史小说,是想从历史这个角度来研究一下。

听立平同志说,冯师母的身体也很好,我们都很高兴。立平托我向冯师母问好。

敬礼!

王士菁(1975年)11月22日

七

士菁同志：

你最近信早收到。立平同志特来看我，你又几次来信问及我的病，你们如此关心，我却连信都没有写，实在惭愧。

我出院后到 8 月间，身体本来已恢复得较好，但 9 月下旬起旧病气管炎和肺气肿激烈发作，夜晚也不能好好睡觉，到 10 月初连嗓子也哑了，一直继续到现在，弄得全身没有一点力气，连看报也觉吃力，吃餐饭也出一身虚汗。这几天肺气肿算控制住了（这两个月来主要就是气管炎和肺气肿，吃中药），但仍咳嗽，嗓子也仍哑，身体也仍无力。6、7 月间发现头部淋巴结有突起，后来断定是癌细胞转移，本应早去放疗，也因身体太坏不能去，等身体略为好转时再去。情况就是这样，请勿挂念。

四五天前严文井同志来看我，说决定调你回北京参加鲁迅著作注释工作，我听到真高兴极了，不知你已得到通知否？如此则见面也很快了，一切见面时谈吧。

祝你俩好！何嘱我代她问你俩好。

冯雪峰　（1975 年）12 月 25 日夜

有一种治咳嗽的中药——“蛇胆陈皮末”，广东广西都有出品，广西则有梧州制药厂出的，我已从云南买到在吃。你回京时如方便，请代买一些（100 小筒或 200 小筒）好吗？　　又及

八

雪峰同志：

十二月二十五日来信收到，得知您最近的健康情况，看来您仍

是很虚弱的。年龄大了，又患重病，必须时时注意，不能麻痹大意。恐怕偶一不慎，许多病症，即互相发生不良影响。您说服中药，可能是比较好的。信上所说的“蛇胆陈皮末”，当照办，如买到，当带回。如短时期不回京，当寄去。不知此外，您还需要什么药品？便中请告知，以便购买。

关于调动工作一事，我们还未接到正式通知。我仍在做法家著作注释的编审工作，这个工作，不久即可基本结束了。

祝健好！

问冯师母好。

王士菁　(1976年)1月3日

九

雪峰同志：

您好！因为记不起您的宿舍门牌号码，现在就把这封信交家里转上。您问的58年为鲁迅先生塑浮雕像的青年人，名叫张松鹤，当时他和刘开渠等人在天安门从事人民英雄纪念碑的雕塑工作，与此同时，他大约从54年开始便为鲁迅先生塑浮雕像了。听说他原是东江纵队的，后来就回广东工作去了，现在不知情况如何？

从家中来信得知冯师母已经出院。出院后仍应注意休息和营养，祝她早日恢复健康！

这次暑期回来，见到了您，看来您的身体比从前似乎好得多了，但仍希注意，毕竟是上了年纪的人了。祝健好！并祝

冯师母和雪明同志等好！

王士菁　(1976年)十月一日

给叶淑穗女士的书信(四封)

一

淑穗同志:

由于最近一个时期工作和生活都比较忙些,没有给您去信,请原谅。

自春节以后回到干校,广西壮族自治区即派人到干校来挑选干部了,干校领导推荐我去广西,这里的工作条件和生活条件都比较好,所以我们也都同意了。5 月底接到国务院的调令,6 月初,广西即派领导同志来接我们,我即随文化部的同志(约 40 人)来广西了。这里确实很好,到处是奇花异木,一派南国风光,整个城市像个大花园,学校[①]环境也很好,说它胜似中山公园,大概不算夸张。领导上分配我到广西大学工作,在学校教育革命组负一点责任,同时也在中文系负一点责任[②],对于教育工作虽然很有兴趣,但能力有限,一切还必须从头学起,能否做得好,还是大成问题的。

今后打算在教学方面多下一点功夫，学着干吧。

在过去，你和其他同志们在工作上曾经给予我以许多帮助，今后还想得到你和其他同志的更好的更多的帮助。由于新到一个工作岗位，需要了解情况，我们拟在学校放假时，再回北京商量搬家的事情，那时，如你不去外地，再来看你吧。如有可能，我还想带着子女到博物馆参观一次，再受一次教育。

匆此，即致

敬礼！

王士菁　(1973年)7月19日

请代问杨宇、孙瑛、小葛等同志们好！

① 学校：指广西大学。

② 分配的工作是：在教育革命组任副组长，在中文系任主任、教授。

二

叶淑穗同志：

6月25日来信收到。知道你们正在搞调查访问工作，这是很重要的。要抓紧时间，否则就更晚了。

知道你们已经"试展"，观众很多，并有外宾参观，这使我想起了一两件事，这和你们的业务是有关的，便中请告杨宇或其他有关同志，就是在接待日本外宾时，对有些人作评价时，要持保留态度，作一定的分析，这点是必须(从内部、从领导角度)来掌握的。许先生[①]在生前和我谈话中，不止一次谈到内山完造此人，在解放后，为中日友好、为收集鲁迅致日人书简作出了可贵的努力，并且还死在中国，葬在中国，这些都是应该肯定的。他和鲁迅先生交往中，做了一些好事，也是应该肯定的。这一些，许先生在《鲁迅回忆录》中都写了。

不过，有一些，许先生是持怀疑态度的。她说：解放后，有次内山来中国，在北京饭店见到了许先生，内山哭得很厉害，情况不正常，似乎有点内疚的样子。许先生说：他可能在日军侵略我国这件事情上（包括抗战前夕、抗日期间），做了一点不太好的事情，但究竟做了什么不好的事情，许先生在当时也没有进一步去查问。她只是对我说了，叫我在有关内山的评价时，保留一点分寸。许先生的分析是应该尊重的，现在她已去世了。这一点情况转告你们（领导上掌握，不必外传），在接待日本外宾时掌握。

另一个是，鲁迅先生为日本人写字和写信的事情，这也要作一些分析。许先生曾对我说过，这些日本人情况是很复杂的，有的是慕鲁迅之名而来的，抱着友好的态度；有的是到欧洲去游览的，路过上海码头，通过内山，请鲁迅先生写一幅字，或见鲁迅先生一面，以此来抬高自己的身价，并非抱着友好的、真诚的态度（或有的，后来究抱敌对态度）。中国解放了，国际地位不同了，像一轮旭日出现在东方，他们也不得（不）另眼看待了，因此，他们也都表示了友好的态度（其中有真有假），对此，我们（在内部）也应有分析，作适当掌握，给予恰当的评价。当然，在接待上我们应当按照党和国家对外政策办事。我在这里，信中告诉你的，是说我们心中有数，要掌握分寸。——以上两事，和你们的调查访问有关，和业务也有关，告诉你一下（不必外传，领导上知道就是了）。

此外，还有一些和鲁迅先生有过通信关系的人，在1956年以前，搞《鲁迅日记》人名索引时，我们作了一些调查。他们或写信给鲁编室，或写信给我，当时大约保存了几十封回信，这些信可能没有丢失？还存在北京的书籍一起，待我今后回京时清理一下，如找到当送去。

你所询问的《朔风》，我记不起来了。如有，当存在人民文学出版社。此外，还有鲁迅先生收集的小报和剪存的报纸（其中有的还有鲁迅先生亲笔写上的字，标明报纸名称、日期的），此外还有别人给许先生的信，为《鲁迅全集》出版的事，和商务印书馆打交道等人来往信件。这一些，应该归博物馆保存的。

我调到这里工作已经两年了，主要的工作，先是批孔，接着搞批林批孔，现在是搞法家著作的编审工作，对于鲁迅著作的研究还抽不出时间来，不过心里始终还没忘记这件事，今后还想在这方面多下点功夫。经过"文化大革命"、批林批孔，目前又正在学习关于无产阶级专政的理论，也应该研究出一点新水平来了。

你们的工作，有许多新的创造，我应该向你们多多学习。回想从前曾经想过，一面学习毛主席著作，学习中国近代史、党史，一面搞鲁迅年谱，这件事还是很有意义的，这是研究鲁迅先生和鲁迅著作的基础。不知你们今后还搞否？我很羡慕常老[2]，他为整理鲁迅先生所藏碑帖，作出了贡献。今后，我到了常老那样的时候，也来为博物馆做一点事情吧。

今年暑假，因为领导上指定我为法家著作编审办公室负责人之一，这事刚开始不久，工作较忙，不能回京了，以后再说吧。你们有什么好的研究成果，希望先睹为快。来信寄广西南宁（不是桂林）广西大学中文系，我还是经常回校的。此复，即致

敬礼！

王士菁　(1975 年)7 月 5 日

① 许先生：指许广平女士。

② 常老：指常惠先生。故宫博物院顾问、北京鲁迅博物馆鲁研室顾问。

三

淑穗同志：

关于向上海购书的事，因为大家都很忙，前天才由谢旦如同志的儿子，抄一份目录来，现在挂号寄去，收到后，请和杨宇等同志商量一下，如何处理？谢庆中同志来信也附去，看了之后，连同这份目录，一并寄还给我（请寄到学校，以免丢失）。

据上海的同志介绍，因为购书的事，谢家和上海鲁迅纪念馆的关系搞得不好，所以不愿意给上海了。上次所说瞿光熙的一批书，已为某单位留下，但又不肯多给钱，要他家属捐献，家属不肯，搞得也很紧张。

我已写信给谢庆中同志，先问问他们自己的意见，大概要多少钱？才愿出售。他们认为如何处理，才算合适？

这一些书，大部分都是很难买的，如《鲁迅全集》纪念本，当时的为非卖品，现在更是买不到了。还有一些鲁迅著作的初版本，也是很珍贵的。现在不买，今后不一定有机会买到的。你们可商量一下，如何办理比较合适？我也可以和谢家商量一下。

匆此，即致

敬礼！

王士菁　(1975 年)12 月 11 日

《鲁迅书简》出版否？如出版，务请代购两部。拜托，拜托！

曹著《鲁迅评传》，也请寄来。

四

淑穗同志：

来信和《鲁迅评传》已经先后收到，烦神之处，甚为感谢！

你们对于鲁迅先生手稿的收集，做了许多有益的工作。现在又有许多收获，听了之后，非常高兴！七月初，上海师范大学搞鲁迅书信注释的两位同志，到广西来进行访问，我已当面托他在上海打听1956年前后、华东财经学院姓刘（?）的学生（许寿裳先生的亲戚）的线索。他们说恐怕很难找到。同时，我又拜托打听一下陶亢德的情况，过去听说在他手中保存有鲁迅先生给林语堂的信，不知如何？如有所闻，当转告。

打倒“四人帮”以后，务实的事情多起来了。作为系主任，开会就用去了不少时间。对于鲁迅先生作品看得很少，真是有点“不务正业”，对于你们专做研究工作，非常羡慕。来信收到很久，未能及时作复，请原谅。

此致

敬礼！

王士菁　(1977年)9月18日

淑穗同志：

过去有个研究鲁迅的老人，名叫欧阳凡海，约在1955年，在颐和园养病（工作关系在中央戏剧学院），写了一本约20万字关于鲁迅思想研究的书。后来约在1957年搬到西直门内后张公园17号居住。以后我就没有看到过他。不知他现在还活着否？当时肺病很严重。你如知道他的情况，便中盼见告。

敬礼！

王士菁又及

温济泽先生来信（五封）

一

士菁同志：

《瞿秋白文集》编辑计划，我看了两遍，觉得很好，相当周到完整。

关于《文集》的名称问题，我完全同意你的意见，还是以用原书名为好。这次虽是重编，但如你所说，也有拨乱反正性质，对原来的编辑方法，如八卷的分法等，最好不作大的改动。

关于注释，我同意你写的内容。最近听说编《周恩来选集》，乔木同志对注释工作有些意见，大意说，注释要简明，只把需要注释的人物、事件等说明白就行了，用事实去注明，不要写成述评；不要注释很多，如正文不长，而注释很长，就会喧宾夺主。这个意见是听来的，不可能准确，只供参考。

计划规定注释排在每页正文之下，这和《瞿秋白选集》（政治文选）的编排格式不一样。毛办现规定，《毛选》、《周选》、《刘选》、《朱选》、《瞿选》等的注释都力求简明，全部排在每本书之后，象（像）《马恩全集》、《鲁迅全集》那样。《瞿秋白文集》和《瞿秋白选集》（政治文选）的编排格式，还是一致为好。请你们考虑。

你说另编《瞿秋白选集》（文学方面）。现已初步确定，瞿秋白同志的政治文选（包括党内的报告、他起草的文件等）名为《瞿秋白选集》，这和《毛泽东选集》、《周恩来选集》、《刘少奇选集》、《朱德选集》、《董必武选集》等同一规格。因此，计划中拟编的《瞿秋白选集》，最好改名《瞿秋白文学著作选集》或《瞿秋白文学选集》，以免重名。你看怎样？

《瞿秋白选集》的编辑工作，现由一个小组负担。连我在内，共九人。我们不成立编委会，因为编出来以后，将由中央文献编辑出版委员会（耀邦、乔木、定一、维汉等几个同志组成）审查定稿。你们情况不一样，成立一个编委会，我想也可以，请问问周扬同志的意见。

《瞿秋白选集》（政治），编辑小组尚未正式成立，因个别人选未定。我准备在出国前（9 月 10 日前）把小组成立起来，对搜集材料作一安排，具体着手，要等我从国外回来（10 月中）。将来希望我们多联系。

工作实在忙，信写得很匆忙，潦草，也可能有词不达意之处，大概你还是能看明白的，请原谅！

问你好！

我办公室电话：81-2269

家中电话：86-2276

济泽　（1980 年）8 月 5 日

二

士菁同志：

近来好吗？一定很忙吧？

元旦，我请了一天假，回家，在家中同周扬同志等十多位同志通了电话，因病未全好，哪儿也没有去，就又回到医院来了。我在继续治疗左腿麻木（脑供血不全引起的），疗效甚好，请勿念！

周扬同志在电话中说到瞿秋白文集和选集的事。他说，文集中增选的一些文章，希望您和我两人都仔细看看，如果有些政治上不大恰当的内容，比如说，有些"左"的，批评孙中山过了头的，等等，这些文章还是不要选入为好。我表示同意他的意见。我看了目录，增选的文章还不少。是否请您再仔细看看，如认为没有问题，就算了。如需商量，就请您把您认为要研究的文章寄给我，我们再共同研究一下，您意如何？

回信请仍寄研究生院，他们经常有人到医院来，会很快交给我的。

祝您工作顺利，身体健康！

济泽　1981年1月5日

三

士菁同志：

6日信，7日收到。

你到烟台、大连讲学，讲了瞿秋白同志生平事迹，极好，应该多讲。的确，如你所说，不仅大专院校学生不大知道瞿秋白，连政治课、文学课教师中也有不少人不大了解瞿秋白。

你写了一本瞿秋白传,这是十分需要的。不过,按照1980年中宣部一个通知,出版这样有全国影响人物的传记,应报中宣部。瞿曾是党的领导者,更要报中宣部知道才好。你或所里同志,能否同中宣部有关同志或文艺局说一声,看看他们的意见。你看呢?我想,报告一下,他们也不一定要审查的。报告也不一定是书面的,打个电话问问再说。

随函送上《国民党中统诱降瞿秋白同志始末记》一稿,供你参考。这是上海两个青年根据档案中一份交代材料写的,未说明材料来源,容易使人误认为他们是亲历的,且全部抄档案,未作任何考证分析,易以讹传讹,上海社会科学杂志想发表,征求我的意见,我未同意。现在寄给你,你酌量采用其中一些材料,还是可以的。不过军统审讯在前,中统诱降在后,如讲中统一段,前面军统审讯也要有足够材料才好。你酌量办理吧。复印稿用后请退回。

《瞿秋白文集》编成,给我们很大鼓舞和鞭策。《瞿秋白选集》我们也已初步编出,但尚待注释,还准备先挑出样本,送中央审查。因所选文稿,有些是秋白同志为党中央起草的文件和在中央会议上的报告、讲话,不经中央审阅是不行的。所以今年还不能发稿。我们想,今年内一定要正式送审,争取明年内出书。出书后,我们也想作适当的宣传。

《瞿秋白诗文选》,独伊尚未给我。向她要的人一定不少,如您能给我一本,当感谢不尽。你可让人送到院部收发室,他们会转给我的。

我本想到大连休养两三个星期,因太忙,离不开,就作罢了。现在我每天仍上班,晚上仍常加班,不过,比平日总忙得好些。

今晚又在加班,工作前先写这封回信给你,匆匆忙忙,写得潦潦草草,想你会原谅我的。

盼多保重!

问您好!

济泽　1982年8月9日20点10分于办公室

四

士菁同志:

我征求了徐敏同志的意见,他认为《瞿秋白给郭沫若的信》,可收入《文集》;几首诗词,情调不高,以不收为妥。我同意他的意见。当代的中青年人,对这些诗词不易理解,难以作出正确的分析,可能发生消极的影响,有损于秋白同志的形象,还是不收为宜。请你考虑。

如决定不收,这些诗词可存档案馆,留作历史资料。也许若干年之后,人们的思想水平提高了,有人能作出正确分析,到那时发表也未尝不可。未知尊意如何?

新装的牙齿,已习惯否?

盼多保重!

问全家好!

济泽　1984年4月16日

五

士菁同志:

我拜读了您的大作,感觉简洁明了,很好。就这样寄给《文艺研究》吧。

年前因会议繁忙,新年时又因病住院,以致耽搁了一些时日。请您原谅。

问您好!

济泽　于医院

1985 年 1 月 7 日

王士菁先生书信简注

王世家

1985年我到鲁迅博物馆任《鲁迅研究动态》(后改名为《鲁迅研究月刊》)编辑时,王先生已离休,不再任馆长职。但鲁博举办的大小活动及学术研讨会,先生都能参加。这一时期,来往信件不多。2001年我退休后,与先生见面的机会逐渐减少,来往书信是唯一的联系手段,但保存下来的不多,尚存者仅十二封(另从林辰遗存中又得先生致孙昌熙信一封,附后)。仅作简注,作些必要的说明,聊表对先生的怀念之情。

一

世家同志:

送上《再论》的最后一段①。

这是我对于鲁迅思想发展的主要论点,也是不同于"神化"、"圣化"论的主要意见。

对于“鲁迅学”的问题，我已把自己的意见，明确地写下来了。您和其他同志以及您所听到的不同意见，盼能及时见告，以便从中获取教益。

匆此，即致

敬礼！

王士菁　(1989年)12月25日

① 《再论》指先生连载于《鲁迅研究月刊》1990年第一至三期的长篇论文《再论鲁迅学的几个问题》，全文共九节。“最后一段”系这篇论文的第七至九节。

二

世家同志：

前两天会上，孙玉石同志要我写一篇纪念王瑶同志的文章，以便编入纪念册中[1]。

王瑶同志及其在学术上的成就，是值得纪念的。他的逝世是我们的损失。本来应该多写一些，限于时间、限于篇幅，(2500字以内)只写了这一点。

寄上请您审阅，如可采用，请考虑能否在《月刊》上发表[2]。如有不妥之处，请随手斧正。

匆此，即致

敬礼！

王士菁　(1990年)4月30日

① 1989年12月，王瑶先生病逝。《鲁迅研究月刊》在1990

年第一期辟专栏悼念，刊发唐弢、贾植芳、严家炎等撰写的悼文十二篇。这些文章后来均辑入北大编印的王瑶纪念集中。

② 王先生的悼文因交稿时间较晚，未能辑入《月刊》的悼念专栏中。后转交孙玉石编入纪念集。

三

世家同志：

现已进入9月，未知《作品详解》①进展如何？大概在您的具体筹划下，定可如期完成吧？也可能，执笔人多，交稿参差不齐，如有这种情况，请您多加催促。我们与北京工业大学出版社第一次协作，今后还可能继续合作，出书质量及效果希望能让大家都比较满意。——这一点，您也会考虑到的。

寄上《序言》一篇，请您再予审阅。前些时，您已复印给撰稿人，不知有何意见。如有宝贵意见，请您参酌就近加以斧正，我无意见；或转我修改亦可。我总希望把这件工作做得好一点，广为宣传，十分必要。稿存您处，发表时机，由您确定。此外，还有什么工作需要我做的，请告知。

匆此，即致

敬礼！

王士菁　(1993年)9月1日

① 《作品详解》，指由王先生作顾问，靳邦杰、王世家主编的《中学语文课本鲁迅作品详解》(共二册)，1994年由北京工业大学出版社出版。王先生极重视这部书的编印，不仅为《详解》撰写了序言，记得出版社也是王先生亲自联系成功的。撰稿者有王景

山、张恩和、李允经、李效钦、赵英、姚锡佩、黄侯兴等专家学者。出版后很受中学语文教师欢迎，现已绝版。

四

世家同志：

寄上悼念戈宝权同志的短文一篇[①]，请查收。请你审阅，如有不妥之处，也请你随时改正。

几十年来，他对于我们在工作上的帮助是很多的。就我个人来说，也是亲切的、具体的。由于时间匆促，我只写了这点。

和我有类似情况的其他同志，对他可能也会怀念的。你和漱渝同志商量一下，似可约请一些同志写点纪念文章。不知以为如何？

匆此，即致

敬礼！

王士菁　(2000年)5月24日

① 戈宝权先生于2000年5月15日病逝。为悼念戈先生，《鲁迅研究月刊》2000年第八期辟专栏，刊发杨宪益、王士菁、丁景唐等先生的文章十二篇。

五

世家同志：

十一月十二日来信收到。你为鲁迅的著译的修订工作贡献力量[①]，这是令人敬佩的，这也是你多年来潜心于鲁迅研究事业，力所能任的工作。你在信中所说的情况,我认为是对的。

过去,我们在编辑鲁迅先生的著译工作中,虽然是小心翼翼、尽心尽力,但终因能力有限(就我个人来说,孙用同志等三人不在此内②),失误的地方,虽然不是很多,但也不少。你和其他同志陆续加以纠正,有益于读者,我个人也是十分感谢的!

这篇附记③应当列在1921年12月是对的。

好久不见了,你在退休之后,仍在为鲁迅的宣传工作、研究工作作出贡献,我很是高兴!

匆此,即致

敬礼!

王士菁　2002年11月15日

① 2001年,人民文学出版社启动《鲁迅全集》修订工作,开始编辑新版全集(即2005年版,共十八卷)。我应邀担负全集第七卷(《集外集》《集外集拾遗》)的修订任务。因学力有限,在修订过程中出现诸多难解的问题,故向几位前辈专家请教。王先生先后任上海鲁迅著作编刊社及人文社鲁迅著作编辑室主任职,主持了1958年、1981年两版全集的编辑、修订及最后定稿工作,经验丰富,故请教较多,有几封来信,答复十分详细,惜已佚失。

② 指鲁编室的三位前辈专家杨霁云、孙用、林辰。

③ “这篇附记”,即在翻阅《东方杂志》时发现的鲁迅佚文——爱罗先珂童话《为人类·译者附记》。

六

世家同志：

十一月廿日来信收到。

《集外集拾遗》中的异文[①]，我的体会当以鲁迅先生的最后手抄本为准（如你认为在异文之中，尚有某些字句需作比较之后，才能定出取舍的，仍不妨加以比较）。为了读者及研究者着想，似应把此种情况作出校记[②]。不知你以为如何？

类似上述情况不止《集外集拾遗》一书。《呐喊》中的小说，刊在《新青年》上的，如要对刊一下，改动之处，也有不少。这类情况，要不要作对比性的校记，也是问题。如何处理，似也是一个问题，你认为如何处理为妥？见面时再说吧。

匆此，即致

敬礼！

王士菁　2002年11月30日

① 1935年由杨霁云编辑的《集外集》出版后，因此集所载，鲁迅"尚觉有未备之处，似乎还可以补足一下。所以特地托老友宋紫佩先生，把平寓所存的《晨报副刊》、《京报副刊》、《莽原周刊》等寄来。之后，费了不小心血，自己亲自抄录，……"（许广平《集外集拾遗·编后说明》）。鲁迅与许广平据报刊重新抄录的文稿有三十篇；鲁迅在抄录时，对这些文稿的个别字词作了修订，使文句更加准确。在校刊过程中，我拟采用经鲁迅最后修订、抄录的文稿为准，王先生表示同意。

② 关于鲁迅文本在校勘过程中对异文作"校记"的建议，修

订2005年版时人文社予以否定，未被采纳。在致王先生信中，曾对加校记谈了些我个人不成熟的想法，似乎先生一时也难以认同，故说“见面时再说吧”。

七

世家同志：

3月9日来信，昨天收到。

你所询问的问题[①]，我就所知奉答如下：

这些鲁迅手稿，是许广平先生寄存在北图的。当时，鲁迅博物馆尚未成立，故许先生把手稿寄存在那里。我们当时对鲁迅著作进行校勘，即是到文津街北图老馆地下室，由赵万里（老专家）先生接待的。当时，我们四人都曾去过，去的次数最多的是孙用先生。每次，赵先生亲自拿出来，用毕，他即收回去。我们没有借出过（附带说一句，这些手稿，许先生对我说过是“寄存”，因为当时鲁博尚未建立。后来，文物局局长郑振铎先生则说是“捐赠”。这事不了了之，现存北图了）。我们都是去北图校勘，从未借出过。

至于作者在稿件上修订[②]，字句上有不同的地方，不仅在你信上所说的情况是这样。《故事新编》（还有其他作品）的底稿，也有一些与现在印入全集不同的地方（《呐喊》中的发表在《新青年》上的几篇小说，字句也有和印入全集的不同之处。《朝花夕拾》也有这类情况）。我的意见，这些作品既然现在已经收入经过多次加工的全集，如无重大的原则性问题，就以《全集》为准，不必多作改变了。手稿与最后定稿是比较难于处理的，你在来信所说“鲁迅的最后定稿”，是很难确定的！这是一个复杂的问题，我们（作为编者）只能视具体情况而定，力求作出比较合理的处理吧？不知你以为如何？——这个问题，可能在别处也存在着的。恐怕只能按我们（作为编者）现在认为比较合理的办法去处理吧？

匆此，即致

敬礼！

王士菁　（2003年）3月11日

① 新中国成立初，许广平将一些鲁迅遗物及由她存藏的鲁迅著作、翻译、古籍整理等大批手稿携带来京。这些手稿分别存藏于北图（现国图）与鲁博，而北图所藏占了绝大部分。曾致信王先生请教有关情况，先生作了回答。

② 鲁迅著译文本校勘，最基本的参考资料有三种：现存手稿，初刊文及经鲁迅校改修订过的初版本（或其他版本）。一般情况下，是以鲁迅最后的修订稿为准的。在校勘中手稿只能是参考资料之一，对异文的处理，手稿并非是决定性的唯一文本。王先生信中提出："我的意见，这些作品既然现在已经收入经过多次加工的全集，如无重大的原则性问题，就以《全集》为准，不必多作改变了。"问题是，《全集》虽"经过多次加工"（即校勘），现行文本中仍有不少异文，如何通过汇校理出一个更加准确的"全集"，这个问题目前并未彻底解决。

八

世家同志：

寄来的《青年必读书》[①]，昨天收到。

这是一本非常有用的书，凡是认真研究鲁迅的人，是必不可少的资料。

你数十年如一日，在这一方面，见多识广，我想，你可以在此基础之上，写出有益于读者的专论(不拘长短)或专著了。这是你必须承担的责任，如果不写，那就太可惜了。

现在，不少报刊(包括《鲁迅研究月刊》)上发表的文章，言必有据的太少了；主观臆测的太多了(在臆测上立论，是不可靠的)。我想：你可以抽出一些时间，写一些有价值的文章。

你经常把有价值的资料寄我，在此，表示再一次的感谢！

匆此，即致

敬礼！

王士菁　2006 年 10 月 15 日

① 《青年必读书》，是指《青年必读书：一九二五年〈京报副刊〉"二大征求"资料汇编》，2006 年 7 月由河南大学出版社出版。我做的工作仅是据当年《京报副刊》上的原刊文进行抄录、整理、编排，如此而已。先生信中的评说，是对后学的鼓励和鞭策，更是一种期待吧。

九

世家同志：你好！

春节联欢会上，人多匆忙，没有多谈，实在是憾事！

最近，文物出版社及人民文学出版社出版了我的两本书①，寄上请您指正。这不是客套话，实在是想得到你的批评帮助，以便改进工作。

《唐诗类选》，在上世纪 50、60 年代已经完成。当时我负责"人文"领导工作，为了避免利用职权之嫌，没有出版。不料经过近40年，才和读者见面。

《中国字体变迁史》，是鲁迅先生晚年想写的书。当年没有完成，竟成遗憾。我不揣浅陋，前几年陆续写成。只能说是“简编”而已，与鲁迅的要求相差太远。因此，想请你提出批评性的意见，以便改进工作。烦神之处，十分感谢！

匆此，即致

敬礼！

王士菁　2007年3月26日

① 王先生退休后，仍在辛勤笔耕，著述颇多。他出版的新著大都寄赠给我，《唐诗类选》《中国字体变迁史》仅是赠书中的两册。

十

世家同志：

最近，读了你的《鲁迅“哀范君三章”稿后“附书四行”的文本衍变》[①]，像这样的文章，现在实在太少了。因此，我再次劝你务必多写些类似这样的文章。这是一件很有意义的工作，不仅我们为自己应该做，为广大读者着想也应该做的。所以，我再劝你一次，应该抽出一些时间，多写一些文章。

1981年，为了纪念鲁迅诞生100周年，举行了空前规模的纪念活动。我们印行一本《鲁迅诗稿》小本本[②]，作为纪念品，没有公开发行，只有极少数同志收到（不是作为研究用的，与你现在所作这篇文章无关），现在，可能找不到了，寄上一本，作为纪念，请查收。

匆此，即致

敬礼！

王士菁　2007年6月1日

① 这是我的一篇史料考证小文，在1997年第五期《鲁迅研究月刊》发表。先生读后给予肯定，多过誉之辞，令人汗颜。

② 有一段时间，对鲁迅诗稿很有兴趣，写了几篇读诗稿"札记"类的文章，后因资料不凑手，停下不做了。为此曾费尽周折搜集《鲁迅诗稿》的各种版本。在各地师友的协助下，从文物出版社1959年10月第一版第一次印刷本《鲁迅诗稿》始，至其后陆续出版的修订本已全部收齐。其中1981年9月人民文学出版社印制的袖珍本《鲁迅诗稿》（礼品书，未公开出售），则是王先生所赠。这册"小本本"，六十四开本，深紫绸面，宣纸线装，"根据上海鲁迅纪念馆编辑的《鲁迅诗稿》影印本部分缩印"，以此册"纪念鲁迅先生诞生一百周年"。

为邮寄这册诗稿袖珍本，费去先生诸多时间和精力。那时我正在迁居，新旧两个地址使先生无所适从，故为邮寄事折腾反复好几次。详见2007年6月1日、9日、13日先生信。

十一

世家同志：

上个星期一，我按照"本埠朝阳区麦子店枣营西里二条14—606"这个地址，挂号寄上有纪念意义的《鲁迅诗稿》小本本，今天退回来了。

现在，我按照"本埠管庄京通新城27—2001"这个地址，寄上此信,不知你能收到否?

上述两个地址,哪一个是准确的?

盼告知,我可把那本小册子寄上。这本小册子,不是一般的书,当时很少人看到,现在更难找了。所以,我特意写此信和你联系。

匆此,即致

敬礼!

王士菁　2007 年 6 月 9 日

十二

世家同志:

十二日来信,今天收到。

按照地址,把《鲁迅诗稿》寄上。

从来信中,得知你付出了巨大心血的《鲁迅著译编年全集》[1],不久可以和读者见面,这是一个很大的工程。这是对于读者一个很大的贡献。特别是对于一般读者(对于研究者也同样),是学习鲁迅著作非常有用、有益的工作。你用去了一年又五个月(其实不止这些时间和精力),实在是令人敬佩(我们很熟了,可以不用这样的字眼)。我是实在高兴的。

匆此,即致

敬礼!

王士菁　2007 年 6 月 13 日

① 《鲁迅著译编年全集》,与止庵合作编辑的"民间版本"。人民出版社 2009 年 7 月第一版,2011 年 10 月第二次印刷(修订

本)。最先交吉林出版集团排版印制,待第三稿完成后,出版方撕毁出版合同。先生的来信,说的是正在吉林社运作时的情况。2008 年,被退回的书稿由人民出版社接受,一年后出版。

昌熙兄:

《故事新编》的注释和题解①,的确是很好的。我从头到尾,又学习了一遍,又有了一些心得和收获。打倒“四人帮”,思想大解放。不受儒法斗争的圈圈束缚,因此比较切合实际得多了。——这是我读后第一个重要的印象。您们的注释简明扼要,处处为读者着想。对照正文来看,基本上可以把正文看懂了。这样,就达到了注释的目的。深入浅出,要做到这点是很不容易的。——这一点,我应很好向您们学习。

只有一点,我是拿不定主意,想提出和您商量一下,就是题解究竟应该如何写?在这本书中,每一篇的题解,您们都下了许多功夫,看来字斟句酌,是经过反复考虑和推敲的。您们所提出的解释,我看基本上都是对的,但又感到不十分圆满。问题在哪里?我感觉到:鲁迅先生创作的这一些历史小说,它们的思想内容比题解中所概括的似乎更为深广一些,意味似更深长一些。因此,我想到:历史小说要不要每篇都有题解?几百个字的题解怎样能够把问题(从思想到艺术)说得清清楚楚,实在是很难的。如果说得太实,太死,也有可能束缚了读者的理解,效果反而是不好的。——这只是个人的极不成熟的感觉,仅是感觉而已,仅提出供您个人参考,不算是正式的意见。

还有一些文字上的意见,另纸附上,仅供您个人参考,并请您指正。

此复,即致

敬礼！

王士菁　(1978年)10月6日

〔附〕

1. P3，注2，第3行，“由于人们受压抑”，似应说“由于人们精神上受压抑”。

2. P4，注5，对于“油滑”的解释，似乎可以作这样的考虑：①“油滑”是不对的，是创作的大敌；②而鲁迅所说自己创作中的“油滑”，乃系自谦之辞，并非油滑(古为今用。写的是古人古事，为的是今天的战斗。不是真的油滑)。

3. P5，注11，第1—2行，“回忆青少年时期……”，《朝花夕拾》中也有包括辛亥革命时期的回忆，不是“青少年时期”所能包括，请酌。

4. P17，注15，第2—3行，“《隋书·经籍志四》”，一般似应作“《隋书·经籍志》四”。

5. P19，题解　最末一段提了高长虹的名字，如此具体，妥否？请酌。

6. P31，注5，第4—5行，“改造了嫦娥的形象”，不太容易理解。嫦娥的形象究竟如何？又如何“改造了”？

7. P32，注19，21，如何注得更恰当？似应再斟酌。

8. P46，第8行倒数第2字，“喊”系“缄”之误。

9. P51，注9，11，如何注得更恰当？请酌。

10. P56，注69，第2行，按本书体例，“马融”之前，应加朝代。

---

① 七十年代末，1981年版《鲁迅全集》编纂工作业已开始运作，重点是

文本注释文的撰写。受“文革”余波影响，开始阶段是大搞“群众运动”，鲁迅著作各集分由各大学组织“三结合”队伍从事注释工作。当年人文社鲁编室曾出版了一套征求意见本（俗称“红皮本”）。这套书孙用先生陆续寄给我，是全套的。惜一直存于鲁博某地下室仓库中，至今已不知下落了，《故事新编》由山东大学中文系孙昌熙先生主持注释文撰写。书稿交人文社后，王先生作答，提出了自己对书稿的看法。

（作者为北京鲁迅博物馆副研究馆员）

给张小鼎先生的书信（三封）

一

小鼎同志：

3月9日，在出版社开会明确分工、工作进程之后，请您务必抓紧时间进行工作，以免由于我们（编者）的原因而到时出不了书。

因为，六月上旬，我将外出，六月底才回，所以，我必须有（在）五月底之前把六卷①全部看完并交到出版社，因此，请您务必把第二卷在四月中、下旬交我，使我有一段时间来看稿。第一卷，则要更早一点。请您们互相磋商一下。

所有资料都在兴华处，如需要核对，请和他联系，请他予以协助；此外，还有什么资料，需要我协助的，请告知。我请鲁博同志具体协助，力求早日完成此项任务。

烦神烦神！谢谢。

匆此，即致

敬礼！

王士菁　(1984年)3月14日

① 六卷：瞿秋白文集（文学编）共六卷。

二

小鼎同志：

《一点说明》和《翻稿札记》上午取回，下午已经看毕。您的32条意见，我都赞同。这对于改进我们的工作，是非常宝贵的。

对于您的严肃、认真、细致的工作，我非常敬佩；对于纠正我在工作过程中的粗疏，我则非常感谢！您的这些意见，对于具体的书稿，无疑是一个很大的提高。

盼您迅速交给牛汀同志，务请把您这一些花费了心血的成果，落实到实际工作上去，取得实际的效果，才不致白费。

因为我明天要去文字改革委员会，就不亲自送还了。见到牛汀同志，请把我的这些意思转告。

匆此，即致

敬礼！

王士菁　(1984年)5月28日下午

三

小鼎同志：

这次参加《鲁迅全集》（修订版）出版工作会议，承你多方帮助，甚为感谢！

我的年纪确实大了，《中国文学史》[①]出版后，想来早已寄你了；哪知尚未寄出，实在非常抱歉！不是这次面谈，我是早忘记了。

现在，寄上一册，请查收。

主要是向你请教的意思，甚盼提出批评性的意见，帮助我改进工作。

你的中肯的批评，一定对我很有帮助。

匆此，即致

敬礼！

王士菁　2005年12月3日

① 《中国文学史》：指《中国文学史——从屈原到鲁迅的通俗讲话》。

给黄源先生的书信(四封)

一

黄源同志:

在您的启发之下,1985 年为了纪念鲁迅先生逝世 50 周年,我编辑一本《鲁迅读本》,希望把鲁迅著作普及到更多的读者中间去(包括青年),“为人人所共有”。去年年底出书,最近才收到样书,现寄上一册,请您予以指教。在学习和研究鲁迅过程中,您过去给我以很多帮助,今后也会给我以帮助的。所以我才敢于把这册书寄您。您指出其中缺点或错误之处,对我就是更大的帮助。

“文革”期间,下放广西,无事可为,编辑了一本《杜诗便览》,最近也收到了样书,也寄上一部。

《鲁迅研究动态》今年第二期,最近也出版了。内有一篇,我在绍兴纪念会上的发言提纲,也寄上。主要都是向您请教的意思。祝您身体健康!

王士菁　(1987 年)4 月 9 日

二

黄源同志：

您好！自从1963年第二次全国文代会以后，就没有和您见面了。对于您的情况，时在念中。1976年，见到了一位吉林延边的女同志，她谈到了访问您的情况。打倒了“四人帮”以后，不少的上海同志来我这里谈工作，也谈到了访问您的情况。他们都说：您的身体很健康，精神很愉快。我听了之后，甚感欣慰！本来我也想到处走走，学习参观访问，前来杭州看看您的，可惜总是因为工作忙，未能如愿，甚以为盼！

您寄来的《杭州文艺》两束，都收到了。您的工作是很有意义的，对于我们或比我们年轻的同志，都有重要的意义。1976年，我见到了曹靖华同志，他说鲁迅先生给他的信，其中有些事情，只有他（收信人）才能注出来；这情况，在鲁迅先生给您的信中，可能也是存在的。作为文学历史上的一些宝贵资料如果现在不写下来，今后查考起来就更困难了。在外国不少作家的作品中，文学回忆录是不少的，高尔基就写下了不少这样的作品。曹靖华同志似乎在这方面也很有兴趣，陆续也写了一些，不知您的时间许可否？如有比较充裕的时间，是否也可以写一些呢？如果您把鲁迅先生晚年的工作、思想和生活等各方面情况，写一些出来，对于我们的帮助就更大了。

此致

敬礼！并祝健好！

王士菁　（1987年）8月16日

三

黄源同志：

首先，我表示向您祝贺！祝贺您的90诞辰。从《文艺报》上得知，浙省各界热烈祝贺您的90华诞，我实在非常高兴。现在为时已晚，我谨（向）您表示迟到的祝贺！回想整整半个世纪以前，我在家乡苏皖边区首府淮阴，第一次见到您，那时我还是一个青年，现在，我已是年过70的老翁了，时间过得真快啊！

今年，6月18日，是瞿秋白同志就义60周年，中央及有关单位将在京举行隆重纪念，我写了一篇短文，现请史莽同志转交，请您指正。（因不知您的住址是否有变动，故请他转上。）

明年，鲁迅先生逝世60周年将至，国家花了一千多万的新馆已经建成，现正筹备内部陈列，届时也将举行隆重纪念。浙江也会举行纪念的吧？如可能，争取再次前来看您。匆此，即致

敬礼！

王士菁 (1995年)6月10日

四

黄源同志：

好久没有写信向您问候了。我怕麻烦您，故经常向史莽同志打听，并从他那里得知您的健康情况。您的康健，使我们大家都感到高兴！

今年是鲁迅先生诞生110周年，3月份，我们向上打了报告，迅即得到批准。成立了一个办事机构（组织委员会）具体进行工

作。这次纪念会也将热烈、隆重举行，将于9月25日在人民大会堂由总书记来做报告，主要是坚持鲁迅方向和发扬鲁迅精神，总书记的报告必然也要联系当前的形势和文艺情况的。与纪念会同时将举行有50—80人参加的学术讨论会。

未知您的近来健康情况如何？如健康情况许可的话，甚盼您来参加这次纪念会和学术讨论会，并给予我们以具体帮助和指导，我们都是十分感谢的。如方便，请告知一下。

此致

敬礼！并祝健康！

王士菁　(2001年)5月23日

裘士雄、谢德铣来信

尊敬的王士菁教授：

欣逢您老八十华诞，我们仅代表鲁迅故乡——浙江省暨绍兴市鲁迅研究工作者，向您表示诚挚的祝贺，并致以崇高的敬礼！

您是我国第一部《鲁迅传》的著者。在长达半个多世纪的岁月里，为学习鲁迅、宣传鲁迅、研究鲁迅呕心沥血，不遗余力。无论在解放之前艰难黑暗的日子里，还是在"左"的路线的迫害下，您都怀着对鲁迅的坚定信仰，顽强学习，勤奋著述，勇于克服各种险阻，为发扬光大鲁迅著作和鲁迅精神，作出了不可磨灭的巨大贡献。建国后，在人民文学出版社、在鲁迅博物馆、在中国鲁迅研究学会、在广西大学……您都担任了重要领导职务，在文学艺术界、鲁迅研究界和文博、出版界，都有很大的影响和很高的知名度，受到学术界和出版界的高度评价。

特别使我们敬佩和难忘的是，您对鲁迅故乡——浙江、绍兴的鲁迅纪念馆和鲁迅研究事业，给予特别的关照、支持和鼓励。从鲁迅纪念馆成立之日起，您就从各个方面支持开馆、建馆的工作，建国以后，您又先后五次来到绍兴，寻访鲁迅故家，考察鲁迅史迹，赠送鲁迅著述，或向学界座谈讲学……把鲁迅先生的伟大精神，撒播在稽山镜水，深入于绍兴人民的心田。您还热情支持绍兴鲁迅研究会的工作，给予多方关怀和亲切的指导，您又给绍兴鲁迅纪念馆和绍兴的研究者以无微不至的关怀支持，为他们释疑解难，写书作序，供给文稿，为发展鲁迅故乡的研究队伍和培养造就一代鲁研人，作出了不可估量的巨大贡献。绍兴鲁迅研究事业能有今天，鲁迅纪念馆能有今天，都是和周建人、许广平以及像您这样一大批老一辈鲁迅研究家的支持、帮助与指引、教导分不开的。

“老骥伏枥，志在千里。”您在八秩寿诞时，仍专注于鲁迅研究事业，把周建人、许广平致您的亲笔信贡献于社会，还致信浙江，祝贺史莽先生《鲁迅的最后一年》出版发行，殷切关心黄源、俞芳等鲁迅亲友的身体健康和浙江的鲁迅研究事业。所有这些，都令人感动和难忘。您对事业无比执着和忠诚，对学术务实求真，对后学竭力扶掖栽培，而对党对人民，索要的却很少很少。……

在您八秩华诞到来之际，我们衷心祝愿你多多珍摄，节劳保重，健康长寿。——这不仅是事业的需要，也是广大鲁研工作者的共同心愿。新年即将到来，谨向您、鲁博诸同志及您的家人致以节日的问候和最良好的祝愿，愿你们新年快乐，合家吉祥，万事如意。

裘士雄　谢德铣　敬上

1998 年 12 月 25 日

给傅世悌先生的书信

世悌同志：

寄上《瞿秋白传》校样一份，请查收。（收到后，请告知）

校样已经中宣部出版局同志看过，认为：①“总的说来，基本上反映了瞿秋白同志革命的战斗的一生，比较好地体现了一个无产阶级革命家的光辉形象，能给人以教育和启发。”②“所用材料比较真实可靠，令人信服。文字流畅，明快，为人们所欢迎。”③其不足之处，应“尽可能反映全面，不仅限于文学方面，特别要突出革命家的高尚品质与精神。可再充实、提高，使之完美。”

对书稿的不足之处，本应加以补充，但出于考虑到这份清样不宜大改，所以这次就不作补充了。（这在以后再说吧。）

在这份校样上，我核对了引文，并在文字上作了若干加工（力求不致移动版面），请您务必加以核对，然后付型。拜托！拜托！

对于这部书稿，您付出了许多辛勤的劳动，在此，我再次表示深切的谢意！

出书后，除出版社按规定送书外，如方便，请您代购50本（25

本平装，25本精装），以便对外交换（请您和有关同志联系，务请搞点精装本）。此致

敬礼！

王士菁　（1984年）10月25日

许力以先生来信

士菁同志：

来函收悉，知您又有新著，十分欢喜。

瞿秋白传，按规定不必送审，可分别向熟悉的同志和有研究的同志征询意见。我未有时间拜读，很对不起。我请出版局熟悉近代史的吴克明同志看了一下，他觉得您写得很好，同时也提出了一些意见，这些意见只供您修改时参考。现将吴克明同志的意见送上，请阅。

此致

敬礼

随信附上清样。

许力以

生平、年表、著译作品目录

（附悼词挽联）

王士菁同志生平简介

中国共产党优秀党员、离休干部、原北京鲁迅博物馆馆长、顾问王士菁同志，于 2016 年 10 月 25 日凌晨在北京逝世，享年九十八岁。

王士菁同志，1918 年 3 月 15 日出生于江苏省沭阳县，1939 年考入西南联合大学，1943 年毕业，1946 年 6 月参加革命工作，1947 年 6 月加入中国共产党。先后历任华中六分区《淮海报》社编辑，中国人民解放军第三野战军十兵团记者，《苏南日报》编辑，苏南文协副主任。

中华人民共和国成立后，王士菁同志先后任华东新华书店编辑，鲁迅著作编刊社主任，人民文学出版社鲁迅著作编辑室副主任、主任，人民文学出版社副总编辑。

“文化大革命”期间，王士菁同志受到“四人帮”的迫害，被诬陷为十七年文艺黑线的执行者。1969 年被下放到湖北咸宁文化部五七干校。1973 年被分配到广西大学，先后任中文系教授、系主任。粉碎“四人帮”后，1979 年被调回北京，在中国社会科学院文学研究所任研究员（期间，兼任中国社会科学院研究生院文学系教授、系主任）。1983 年 1 月至 1988 年 1 月，历任北京鲁迅博物馆馆长、顾问、研究馆员。1988 年 1 月离休。

王士菁同志从小经历国家积弱积贫，遭受外敌入侵，立志为中华之崛起而努力学习，立志报效祖国。1943 年西南联合大学毕业后，就积极参加革命活动。解放战争爆发后，他投身革命，担任华中北线后勤司令部宣慰部干事。1947 年初，在华中地区转入敌后，坚持开展对敌斗争，任《淮海报》社记者、编辑，积极宣传党的政策，因工作成绩突出荣立二等功一次。

早在西南联大求学期间，他即开始了鲁迅研究，是我国第一代鲁迅研究专家之一，也是我国第一部《鲁迅传》的作者。这部著作一经出版就在社会各界引起广泛影响。鲁迅先生的夫人许广平为此书写了前言，鲁迅先生的弟弟周建人写了后记。解放后，《鲁迅传》由中国青年出版社多次重印再版，1981 年起由外文出版社译成英文、朝鲜文、孟加拉文出版。

1950 年至 1956 年，他在冯雪峰同志的领导下，具体负责《鲁迅全集》（十卷本）注释和出版的组织和领导工作，在材料收集、整理和注释工作中发挥了积极作用，做出了突出贡献。他在广西大学和中国社会科学院研究生院工作期间，潜心教学研究，为培养文学研究人才付出了极大心血。

王士菁同志对鲁迅先生充满了景仰与热爱，他一生从事鲁迅研究的工作，取得了丰硕的成果，除了《鲁迅传》外，主要的作品有：《鲁迅——伟大的革命家、思想家、文学家》（知识丛书，作家出版社 1962 年出版）、《鲁迅早期五篇论文注译》（天津人民出版社 1978 年出版）、《鲁迅创作道路初探》（中国社会科学出版社 1981 年出版）、《鲁迅的爱和憎》（论文集，天津人民出版社 1982 年出版)等。此外,他还把一些与鲁迅研究有关的学术课题加以研究及著述,主要作品有:《瞿秋白传》(四川人民出版社 1985 年出版)。

除了鲁迅研究之外,他还做了很多古典文学方面的研究和探索,主要作品有:《杜诗便览》(四川人民出版社 1986 年出版)、《唐代诗歌》(人民文学出版社 1959 年出版)、《唐代文学史略》(湖南师范大学出版社 1992 年出版)、《雨霖铃》(陕西人民出版社 1992 年出版)。

王士菁同志 1983 年 1 月任北京鲁迅博物馆馆长后,注重馆领导班子和干部队伍建设,积极培养鲁迅研究人才,为推动北京鲁迅博物馆建设发展发挥了核心领导作用,使北京鲁迅博物馆建设发展走在了全国鲁迅博物馆、纪念馆的前列。他在发挥领导干部模范表率作用的同时,积极投身于鲁迅研究工作,参与《鲁迅大辞典》《鲁迅年谱》《鲁迅手稿全集》《鲁迅研究资料》《鲁迅研究动态》的编撰工作。

王士菁同志离休后,仍笔耕不辍,在 2008 年九十岁高龄时,出版了《王士菁文集》(五卷本)。同时,他仍然关心和牵挂着鲁迅博物馆的事业,为鲁迅博物馆的建设发展发挥余热。

王士菁同志作为一名有着七十年党龄的老党员,始终坚持共产主义信仰,拥护党的路线、方针、政策,在历次政治运动中经受住了考验。特别是在习近平总书记在"十八大"以来提出"从严治党"、严惩党内腐败势力的举措实行以来,王士菁同志坚决拥护党中央的英明决策并一贯身体力行。

王士菁同志的一生,是光荣的一生,奋斗的一生,廉洁的一生,忠于信仰的一生。他始终相信党,坚定跟党走,为党的事业奋斗终生。他自我要求严格,生活艰苦朴素,严格要求周围同志和子女,表现出了一名优秀共产党员的高尚情怀和道德品质。他的逝世，使我们失去了一位老党员，好前辈。我们怀着十分悲痛的心情，悼念王士菁同志，更要化悲痛为力量，继承革命前辈的优良传统，积极进取，努力开创博物馆工作的新局面。

王士菁同志永垂不朽！

北京鲁迅博物馆（北京新文化运动纪念馆） 2016 年 10 月

王士菁生平年表简编

1918 年

3 月 15 日出生于江苏省沭阳县一个偏僻的乡村。原名葛秉曙。父亲是拥有二三百亩地的中小地主。母亲姓王,王士菁的笔名即是从母系而来。

1925 年　7 岁

在家乡私塾读“四书”“五经”。

1931 年　13 岁

到离家十多里路的公立小学——汤沟小学读书。

入学不久,“九一八”事变发生,停泊在连云港外的日军飞机时来侵扰,学校一度停课。却在此时初步得到爱国主义的启蒙教育。

在此期间，第一次看到了暗红色封面的鲁迅小说《呐喊》。当时年幼并没有看懂书中真正的含义，只是对其中《故乡》一篇发生了很大兴趣。

1933 年　15 岁

考入离家一百多里路的淮安中学。

1937 年　19 岁

在江苏省临时联合中学、旅渝联合中学读书。

刚升入高中第一年，抗日战争全面爆发，即随联合中学一起迁往大后方。

1938 年　20 岁

离开家庭，随学校迁到大后方读书。从此和家庭在经济上断绝了联系，自己独立生活。

1939 年　21 岁

考入国立西南联合大学（由北大、清华、南开联合组成）外国文学系。因仰慕闻一多先生和朱自清先生，转入中国文学系。从闻先生学习"楚辞"和"唐诗"；从朱先生学习"宋诗"。

课外，在楚图南先生和李何林先生的支持下，组织鲁迅读书小组，对鲁迅著作开始进行较有系统的研读，为鲁迅先生嫉恶如仇、荡涤丑恶现象的大无畏精神所感召，开始酝酿《鲁迅传》的写作。

同时，在西南联大地下党的领导下，参加学生民主运动。

1941 年　23 岁

在西南联大的同窗好友王均同志（解放后曾任国家语委副主任）把在清华大学办事处（组成西南联大的北大、清华、南开三所大学各设立自己的办事处）当三个月勤学工的工资买了一部《鲁迅全集》赠与，因此能较全面地仔细研读鲁迅先生的著作，并在写作《鲁迅传》时多处加以引用。

1943 年　25 岁

于国立西南联合大学中文系毕业后，在昆明南菁中学任英文教员。

1944 年　26 岁

在云南鹤庆师范学校任国文教员。

1945 年　27 岁

经过几年的刻苦攻读，反复磨砺，终于在这一年完成了《鲁迅传》的写作。此书较为全面地介绍了鲁迅先生的生平，阐述了鲁迅先生的思想，展示了鲁迅的精神和风骨。

从云南到上海，拟参加《新华日报》工作。

1946 年　28 岁

6 月

由当时的国统区回到自己的家乡,在苏北解放区六分区参加工作。

在淮海中学任历史教师。

在回苏北解放区途经上海时,将书稿《鲁迅传》交给朋友黄洛峰同志(黄当时是上海新知书店的负责人),但是并未曾想书稿能够刊印问世。

8 月

在华中北线后勤司令部任宣慰部干事。

1947 年　29 岁

1 月

到华中六分区《淮海报》社任编辑。

6 月

由杨巩、毛之衡两同志介绍入党。

在《淮海报》工作期间,坚持敌后斗争,出色完成了报社各项报导任务,荣立二等功。

1948 年　30 岁

1 月

所撰写的《鲁迅传》一书由上海新知书店出版。这是我国第一部由国人自己写的《鲁迅传》,得到鲁迅先生家属的充分肯定。鲁迅先生夫人许广平专门为此书写了《前言》,《前言》中写道:“他把中国历史发生的重要事件和鲁迅生平经过,从头正确地、客观地寻找出它的所以然。惟其如此,才能了解鲁迅行文处事的真意。这正是我多年心里所愿看到的,而希望竟在眼前实现,这一欢欣鼓舞,是不能用语言形容的。”鲁迅先生的弟弟周建人则为此写了《后记》。这部著作一经出版,在当时就引起学术界的高度关注,并在社会各界引起广泛影响,为鲁迅研究做了筚路蓝缕的开拓工作。

编著《粟裕将军》,由华东新华书店出版。

3 月

任华东六分区淮河文协秘书。

8 月

任华东新华书店编辑部编辑。

1949 年　31 岁

解放战争最激烈的年代,执笔从戎,参加人民解放军,随大军渡江,为解放战争的胜利而努力奋战。

3 月

任三野十兵团临时随军记者,不仅完成了大量战事报导,而且创作了诗集《往来在六塘河上》。

4 月

任苏南新华书店编辑。

5 月

任《苏南日报》编辑。

7 月

与吴天石同志共同筹备成立了苏南文协,任苏南文协副主任。

8 月

《鲁迅传》由原生活、读书、新知组成的三联书店再版。

1950 年　32 岁

1 月

撰写《一个农民翻身的故事》,署名青山,由海燕书店刊行。

4 月

翻译《斯大林之歌》,伊沙科夫斯基、兑青那著,卢明、青山(署名)译,由新华书店出版。

5 月

任华东新华书店编辑、文艺组组长。

7 月

冯雪峰先生亲自写好并交来《鲁迅著作编校和注释的工作方针及计划草案》。

9 月

诗集《往来在六塘河上》由上海华东新华书店出版。

10 月

中央人民政府出版总署决定在上海成立鲁迅著作编刊社，冯雪峰任社长兼总编辑。

11 月

调入鲁迅编刊社，任编辑，协助冯雪峰同志处理日常工作。并在冯雪峰同志领导下从事收集、整理、注释、编辑和出版鲁迅著作（包括文学创作及翻译的外国文学作品和辑录的中国古籍）。

12 月

第一次到绍兴参观鲁迅故居。由冯雪峰同志带领，同行的有孙用、林辰、杨霁云等人。

本年，曾到上海霞飞路霞飞坊 64 号许广平住所，协助她整理鲁迅藏书。

1951 年　33 岁

接到许广平同志交与的一只原来鲁迅装着碑帖的大柳条箱。为防当时敌机轰炸，请方行同志把这只大柳条箱和瞿秋白手稿、方志敏手稿一同存入金城银行（当时尚未公私合营）外滩地下保险箱内。

7月

赴杭州、绍兴，与林辰先生陪同孙伏园先生重返故里寻访鲁迅的足迹。

撰写《鲁迅》一书，由北京三联书店出版(收入《中国历史小丛书》)。

1952年 34岁

鲁迅著作编刊社并入北京人民文学出版社，建立鲁迅著作编辑室，因此从上海调入北京人民文学出版社，先后任鲁迅著作编辑室副主任、主任。在冯雪峰同志领导下，与孙用、杨霁云、林辰等同志共同做十卷本《鲁迅全集》、《鲁迅译文集》的编辑和注释工作。夫人杨立平同时调入鲁迅著作编辑室任编辑。

7月

从上海搬家至北京，亲手将许广平交与的大柳条箱交给鲁迅博物馆。并护送《鲁迅日记》手稿和方志敏烈士遗稿进京。

本年加入中国作家协会。

1953年 35岁

协助冯雪峰同志从事《瞿秋白文集》的编辑和注释工作。四卷本《瞿秋白文集》于1953年11月开始由人民文学出版社出版，至1954年2月出齐。

1954 年　36 岁

3 月

与杨霁云共赴绍兴，主要是拍摄和鲁迅有关的地方、人物、历史背景等史料照片，为天津百花文艺出版社编辑出版《鲁迅画传》作准备。

编辑出版方志敏手稿《可爱的中国》，此后以不同方式多次再版，发行量逾百万册。

1955 年　37 岁

与夫人杨立平一起为《鲁迅日记》的注释做大量调查研究工作，深入采访有关人物，收集了大量鲁迅日记中记载的人物资料，编印了十几万字的《鲁迅日记人名索引》，为《鲁迅日记》的注释工作提供了坚实的基础。

8 月 2 日

文化部文物管理局致函人民文学出版社，请"鲁迅全集编辑室"协助北京鲁迅纪念馆筹备处编拟陈列提纲。因而"鲁迅全集编辑室"在先生带领下，精心筹划编制了北京鲁迅博物馆建馆后第一个鲁迅生平展览陈列方案，并亲临布陈展出。此后数十年博物馆的陈列大修，都亲临指导和审查。

1956 年　38 岁

北京鲁迅博物院于 10 月 19 日落成、开放。开馆前一天，曾陪同内山完造参观陈列，当内山看到鲁迅的绝笔时，不禁老泪纵横。

开始主要负责领导编辑和注释的《鲁迅全集》（十卷本）和《鲁迅译文集》（十卷本）的出版工作。

为北京鲁迅博物馆的建设做基础工作：1. 给鲁迅博物馆的青年人讲鲁迅；2. 提出收购鲁迅藏书副本；3. 建议编制《鲁迅手迹和藏书目录》；4. 为博物馆收集鲁迅书信手稿五十四封（66 页）；5. 在被一些人反对的情况下，极力劝说有关领导收购《周作人日记》。

1958 年　40 岁

《鲁迅全集》（十卷本）和《鲁迅译文集》（十卷本）出版，为以后 1981 年《鲁迅全集》十六卷本以至 2005 年《鲁迅全集》十八卷本的出版打下坚实基础。

负责人民文学出版社中国古典文学编辑部和中国现代文学编辑部的领导工作。

5 月

撰写《鲁迅——他的生平和创作》，由中国青年出版社出版。

1959 年　41 岁

10 月

应中国青年出版社之约，重新写了一部较为简约的《鲁迅传》，并由中国青年出版社出版。此书文字朴素清新，语言生动活泼，内容丰富详实，受到广大读者和研究者的欢迎。之后又多次重印再版，至 1991 年 8 月第八次印刷时，已累计二十五万册。后来被翻译成四种外文(英文、朝鲜文、阿拉伯文和孟加拉文)，为世界各国人民认识和理解中国的伟大作家鲁迅做了工作，对鲁迅先生生平、著作、思想、精神的普及发挥了重要作用。

4 月

于 1958 年 10 月革命节写讫的《唐代诗歌》由人民文学出版社出版。此书简明扼要、条理清晰地从初唐四杰“王、杨、卢、骆”写到盛唐伟大诗人李白、杜甫，直到中唐白居易，晚唐李贺、杜牧、李商隐等人，均有言简意赅的介绍与评价，是一本很好的鉴赏唐诗的入门书。

9 月

负责主要领导编辑的《鲁迅日记》初版(上、下两册)问世。

1960 年　42 岁

3 月

任人民文学出版社副总编辑，兼古典文学编辑部主任。

与古典文学专家一起编辑、注释、出版了《中国古典文学读本丛书》等大量古典文学图书。

1961 年　43 岁

5 月

在北京大学中文系开办讲座课“谈谈《鲁迅全集》的整理工作”。

10 月

19 日出席北京市文联纪念鲁迅诞生八十周年大会,发表题为《向鲁迅学习》的讲话。

12 月

与顾学颉、周汝昌共同编选《白居易诗选》,由作家出版社出版。

本年下半年开始,为了在 1964 年杜甫诞生一千二百五十周年出版一部高质量的杜甫诗集,召集了全国研究杜甫的专家开会研究讨论,希望举全国之力集大成,并向文化部申请了经费,收集购买全国范围内各种版本的杜甫诗集和胶片,有许多是孤本,并亲自到四川等地去调查访问。这项工作一直进行到 1964 年,因“四清”及“文革”等原因而未最终完成,但却收集了大量的杜诗研究的宝贵资料。

1962 年　44 岁

7 月

撰写《鲁迅——伟大的革命家、思想家和文学家》一书,由作家出版社出版(收入《知识丛书》)。

1963 年　45 岁

与舒芜、周绍良、王利器、陈建根等共同从事七十回本《水浒》

的点评工作。

作为中国作家代表团成员赴越南访问，受到胡志明主席接见。

1964年　46岁

春节后，参加“四清”工作队到湖南湘潭地区开展“四清”工作，担任由几个单位共同组成的“四清”工作大队的领导之一。

5月

《唐代诗歌》（修订版）由作家出版社出版。

以多种宋元刊本汇校《杜甫全集》工作。

1965年　47岁

7月

“四清”结束，从湖南湘潭回到北京。

1966年　48岁

6月

“文革”十年浩劫爆发，被诬陷为十七年文艺黑线的执行者，扣上“反动学术权威”“走资派”帽子受到严厉批斗，入社会主义学院文化部学习班学习，实为受审查。

1969 年　51 岁

9 月

与全社职工下放到湖北咸宁文化部“五七干校”劳动改造。开荒修路,犁牛倒耙,插秧打谷。将近四年的时间里,在经历繁重体力劳动的同时,还经受着精神上被“四人帮”迫害的磨难与煎熬。

1971 年　53 岁

获得“解放”,春节期间回京探亲。

1973 年　55 岁

6 月

从湖北咸宁文化部五七干校调到广西大学,任中文系主任,教授。

在中文系专门设立了鲁迅研究小组,编写了《鲁迅文选》,由广西人民出版社出版。

1975 年　57 岁

鲁迅先生之子海婴向中央毛主席点名请调回京,主持完成《鲁迅全集》再版工作。但被“四人帮”以“请隐士,举逸民”为由阻止。

在业余时间,开始出外考察、收集有关太平天国的资料,为写作《小天堂的毁灭》做准备。

1976年　58岁

人民文学出版社重新启动《鲁迅全集》注释工作，在广西大学中文系接手其中《三闲集》的注释。

开始着手《鲁迅早期五篇论文注译》的写作。

1978年　60岁

8月

《鲁迅早期五篇论文注译》一书由天津人民出版社出版。为便于一般读者理解，特译成白话文，并加以注释。

10月

被中国社会科学院副院长周扬聘为中国社会科学院研究生院教授、文学系主任。

1979年　61岁

1月

由中央组织部发调令，从广西大学回到北京。在中国社会科学院文学所任研究员、鲁迅研究室副主任及文学所学术委员会副主任、研究员。

上任后就全力以赴工作，为充实研究室力量，千方百计、不拘一格招揽鲁迅研究人才。为中国社会科学院文学研究所形成鲁迅研究专家队伍打下基础。

3 月

与李何林先生共同主持在昆明召开的全国文科规划工作会议。会上李何林先生提出编撰《鲁迅大辞典》的倡议。

12 月

参加筹备成立中国鲁迅研究学会,本月 12 日,鲁迅研究学会在京成立,共有一百五十余名专家学者参加成立大会。在会上被推选为总干事、副会长兼秘书长(会长为茅盾)。

1980 年　62 岁

在北京工人体育场宾馆主持召开纪念鲁迅诞辰一百周年大会筹备会议。周扬、陈荒煤同志亲临会议并讲话,与大家合影。

兼任中国社会科学院研究生院文学系主任、教授,培养了"文革"后第一批硕士生、博士生。

负责主持新编《瞿秋白文集》(文学编六卷本)的注释和编辑出版的领导工作。于 1985 年 5 月至 1988 年 4 月由人民文学出版社全部出齐。

担任《鲁迅研究》(双月刊)的主编。

1981 年　63 岁

2 月

4 日与沙汀同访茅盾,向其汇报纪念鲁迅诞生一百周年大会的计划，请其致开幕词，并请他为《鲁迅研究》写稿。

6 月

撰写《鲁迅创作道路初探》一书，由中国社会科学出版社出版。

9 月

应鲁迅诞生百周年纪念委员会约请担任学术讨论会执行主席之一及召集人。

主持纪念鲁迅诞辰一百周年筹备活动，详细审阅、批改了刘再复等撰写的周扬同志报告。

10 月

赴杭州，参加浙江省纪念鲁迅诞辰一百周年学术讨论会。

11 月

应印度尼赫鲁大学"鲁迅诞辰一百周年"纪念委员会邀请，访问新德里。参加由尼赫鲁大学主办的"鲁迅生平展览"揭幕典礼，并在鲁迅学术讨论会开幕仪式上发表讲话，受到印度专家、学者及尼赫鲁大学广大师生的热烈欢迎。会后，还访问了尼赫鲁大学语文学院、德里大学、印度文学院、宪法俱乐部等，分别同作家、教授、大学生四百余人进行了会见与座谈。

1981 年始，外文出版社将《鲁迅传》译成英文、朝鲜文、孟加拉文、阿拉伯文等多种文字，陆续向国外出版发行。

出任郭沫若著作编辑委员会副主任，负责主持《郭沫若全集》文学编的注释和编辑的领导工作。“文学编”共二十卷，1982 年 10 月至 1992 年 8 月全部出齐。

1982 年　64 岁

10 月

19 日，中国鲁迅研究会与浙江鲁迅研究会在杭州联合举办鲁迅研究学术研讨会，作为中国鲁迅研究会的负责人和鲁研专家莅会指导，并与全体参会者到绍兴参观访问。

23 日，北京鲁迅博物馆设立《鲁迅大辞典》编纂办公室，与李何林先生共同主持召开第一次《鲁迅大辞典》编纂会议。参加者来自山东、辽宁、浙江、福建、湖北、北京的高校文学专业单位。会议落实《鲁迅大辞典》的编纂任务及计划。

《鲁迅的爱和憎》论文集，由天津人民出版社出版。收 1961 年至 1981 年发表在报刊上的一些纪念鲁迅的文章。

《鲁迅传》（朝鲜文）由外文出版社出版。

1983 年　65 岁

1 月

由中国社会科学院文学所调北京鲁迅博物馆，任鲁迅博物馆馆长。兼任培养北京师范大学中国现代文学专业博士生工作。临离文学所鲁迅研究室之前，鲁研室全体同事特设告别小宴送行。

12 日在《人民日报》发表了《编写〈鲁迅大辞典〉刍议》一文，阐明了这一工作的文化意义，对词条分类、注释原则等提出具体意见。

18 日至 22 日，在成都与李何林先生共同主持《鲁迅大辞典》编纂会议，参加会议的有来自北京、辽宁、山东、浙江、福建、武汉等省市的各分册代表，及四川人民出版社的同志，共二十三人。

先生在会上发言说："我们应当用鲁迅的精神来编纂这部《鲁迅大辞典》，在工作中要树立起优良的学风和作风，不为名，不为利，一心为振兴中华而奋斗。希望大家能充分发挥自己的聪明才智，在讨论中畅所欲言，把这次会议开好。"

会议进行实质性讨论，最后先生总结了编辑工作的方针，即要：保质，保量，准时。

5 月

发表《让更多读者读懂鲁迅著作——介绍〈鲁迅大辞典〉》，文中全面介绍了《鲁迅大辞典》编辑的过程及其深远意义。

1984 年　66 岁

6 月

10 日至 25 日在西安与李何林先生共同主持鲁迅研究学会、鲁迅博物馆、四川人民出版社、人民文学出版社"关于《鲁迅大辞典》和《鲁迅辞典》合并问题协商会议"。会议一致赞同文化部出版局通过人民文学出版社和四川人民出版社提出的关于两部鲁迅辞典合并的建议及合并后的领导机构；"赞成由林默涵同志和李何林、王士菁，以及鲁迅编辑室方面的一位同志担任新编委会的领导工作”,以及各项具体安排。

21日,接文化部文物事业管理局致函,要求落实第六届全国政协二次会议提案,而积极组织筹划出版《鲁迅辑校古籍手稿》《鲁迅辑校石刻手稿》《鲁迅重订“寰宇贞石图”》《鲁迅藏汉画像》。

《鲁迅传》(英文版)由外文出版社出版。

8月

与李何林一同被任命为鲁迅博物馆顾问。

10月

参加北京师范大学现代文学博士生王富仁的博士论文答辩。王富仁系我国培养的第一个现代文学博士。

文化部发文正式成立《鲁迅大辞典》编委会,担任《鲁迅大辞典》副主编(主编为林默涵)。

筹划出版《鲁迅辑校古籍手稿》六函四十九册、《鲁迅辑校石刻手稿》三函十八册、《鲁迅藏汉画像》等。

1985年　67岁

为纪念鲁迅逝世五十周年,开始编辑鲁迅收藏的苏联木刻《拈花集》,并写《前言》。

4 月

参加北京师范大学现代文学专业博士生金宏达的博士论文答辩。

5 月

《瞿秋白传》一书由四川人民出版社出版。此书是十年“文革”后率先出版的一部为先烈瞿秋白平反的力作,材料翔实,描述简明,记述了瞿秋白生平事迹和主要文艺著作,同时也不讳言传主的不足和局限。

30 日,参加中国社科院文研所鲁研室主办《鲁迅研究》编委会。

1986 年　68 岁

3 月

8 日鲁迅博物馆召开鲁迅研究室成立十周年座谈会,历时三天,先生作为鲁迅博物馆顾问前往参加,并发言。会后合影留念。

4 月

经多年辛勤研究,编著《杜诗便览》(上、下册),由四川文艺出版社出版。此书依据上海商务印书馆影宋本《杜工部集》,采用编年体例,从诗歌史实与艺术分析两方面对杜诗进行注释,便于读者观览。

7 月

《拈花集》由人民美术出版社出版。

10月

与夫人杨立平(巴人作品编辑)赴宁波,共同参加巴人诞生八十五周年学术讨论会。

偕夫人杨立平应邀参加绍兴鲁迅逝世五十周年纪念活动,并在大会上发表讲话。

在此次活动中,与巴金、萧军、黄源、楼适夷、陈学昭、赵瑞蕻、刘金、周瑾等人发出采用集资的办法,在绍兴建造鲁迅铜像的倡议书。

10月12日,在绍兴鲁迅纪念馆,为皇甫少年鲁迅研究会的小朋友题词:

> 热爱鲁迅,学习鲁迅,发扬鲁迅的革命爱国主义精神;
>
> 研究鲁迅,宣传鲁迅,继承革命光荣传统,为建设社会主义精神文明而努力!
>
> 这是我们大家的共同责任。

11月

选编《鲁迅读本》,由上海教育出版社出版。

《鲁迅传》(孟加拉文)由外文出版社出版。

1987年　69岁

9月

被北京师范大学中文系聘为兼职教授、博导。

10月

8日，参加鲁迅定居上海六十周年纪念活动。

10月14日至16日，参加鲁迅博物馆、南开大学、现代文学馆联合召开的“鲁迅、周作人比较研究学术讨论会”。先生前往参加并发言。有来自北京、天津、上海、浙江、湖南、陕西、吉林，及香港、日本的五十多位专家学者参会。

11月

参加北京师范大学现代文学专业陈福康、陈学超、艾晓明的博士论文答辩。

指导《鲁迅手稿全集》的编辑和出版，并为此写了《介绍〈鲁迅手稿全集〉》一文，特别强调了出版此书的深远意义。

1988年　70岁

4月

1日，参加鲁迅博物馆与中国社会科学院文学研究所联合发起的“鲁迅与中国现代文化名人学术座谈会”，会上作重要发言。

12月

全国鲁迅研究学会第四次代表大会于广州召开，主持会议并致开幕词。

离休，继续担任鲁迅博物馆顾问，研究馆员。

1989 年　71 岁

3 月 17 日

鲁迅博物馆与中国鲁迅研究学会联合举办"五四传统与鲁迅传统学习讨论会",前往参加并作重要发言。

7 月

中国社会科学院文学研究所鲁迅研究室,历时六年编纂《1913——1983 鲁迅研究学术论著资料汇编》(共五卷)由中国文联出版公司出版。先生热情支持了该书的征订与出版,并对具体工作表示了关怀。

10 月 15 日

参加鲁迅博物馆与北京计算机三厂开发的"《鲁迅全集》微机检索系统"鉴定会,并作为国家文物局专家组成员,审核并鉴定该成果。

被湖南师范大学聘为博士学位授予专家组成员。

1990 年　72 岁

自本年始至逝世前,先后任《鲁迅研究月刊》编委、顾问。

1991 年　73 岁

9 月

25 日,参加鲁迅诞生一百一十周年学术讨论会。

《鲁迅传》(阿拉伯文)由外文出版社出版。

被江苏省瞿秋白研究会聘为特约研究员。

1992 年　74 岁

1 月

将冯雪峰写方志敏手稿说明捐赠鲁迅博物馆。

3 月

历时四年完成的历史小说《雨霖铃》(一个没有爱情的爱情故事),由陕西人民出版社出版。此书源于鲁迅先生曾经有过写长篇小说或剧本《杨贵妃》的心愿,描写的是唐明皇与杨贵妃的故事。

4 月

撰写的《唐代文学史略》一书,由湖南师范大学出版社出版。

5 月

19 日,参加鲁迅博物馆主持召开的“纪念林辰从事学术活动五十周年座谈会”。

29 日,中国鲁迅研究学会于成都召开第五届会员代表大会,继续当选为副会长。

10 月

获国务院颁发的政府特殊津贴,以表彰为发展我国文学艺术事业做出的贡献。

1994年　76岁

1月31日

参加在民盟中央礼堂召开的、由鲁迅博物馆、民盟中央、南开大学、南开大学同学会北京分会联合举办的“纪念李何林先生九十诞辰座谈会”，并发言。

1998年　80岁

10月

将保存的鲁迅夫人许广平致其书信十七封、鲁迅弟弟周建人致其书信七封、鲁迅之子海婴致其书信一封捐赠鲁迅博物馆收藏。

11月20日

将保存的周作人书信十八封捐赠鲁迅博物馆。

1999年　81岁

4月

将保存的冯雪峰致其书信四十八封捐赠鲁迅博物馆收藏。

12月

编写《杜诗今注》，由巴蜀书社出版。本书以最早的杜诗全集宋王朱本为底本，并用历代较为通行且加工较多的草堂诗笺本、仇注本、杨注本等进行校勘。其注音、释义均采用现代汉语,通俗易懂。

2000 年　82 岁

6 月

撰写的历史小说《小天堂的毁灭》,由人民文学出版社出版。该书描写的是太平天国农民战争的兴起与覆灭。一生忠于革命的冯雪峰先生在 1957 年被打成右派,本想写就的太平天国历史小说被迫停笔。出于对前辈的哀思和纪念,历时八年,经过艰巨的搜集、考证历史资料,实地探究,反复修改,终于完成了这部历史真实与艺术真实相结合的作品。

2001 年　83 岁

3 月

鲁迅诞辰一百二十周年前夕,经有关方面批准组成专门机构,对 1981 年版十六卷本《鲁迅全集》进行全面修订,被《鲁迅全集》修订工作委员会聘为顾问。

6 月

12 日至 18 日《鲁迅全集》修订工作座谈会在京召开,先生作为顾问参加了会议的部分日程。

7 月

将其藏书二十四种,一百三十九册捐赠鲁迅博物馆收藏。

2002 年　84 岁

9 月

出于对鲁迅先生的敬仰之情，还续他的遗愿，历时五年撰写了《中国文学史——从屈原到鲁迅的通俗讲话》，由中国工人出版社出版。该书格外注重弘扬宋代文学家范仲淹“先忧后乐”的民族精神和清代民族英雄林则徐“苟利国家生死以，岂因祸福避趋之”的爱国精神。

2004 年　86 岁

6 月

9 日参加 2005 版《鲁迅全集》修订工作汇报会。

2005 年　87 岁

7 月 14 日

中国共产党北京鲁迅博物馆召开党员大会，成立党委会，前往参加，并合影留念。

11 月 30 日，参加在北京人民大会堂浙江厅举行的“2005 年新版《鲁迅全集》新书发布会”。

2006 年　88 岁

11 月

编选《唐诗类选》，由人民文学出版社出版。

12 月

撰写的《中国字体变迁史简编》一书，由文物出版社出版，以纪念鲁迅逝世七十四周年。此书是为完成鲁迅遗愿，历时六年，在说史时附上大量有史以来不同字体的刻石、碑帖、铭鼎、诗文等等，让读者欣赏、了解、继承祖国悠久丰富的各种形体的汉字，将中华民族特有的艺术瑰宝发扬光大。

2009 年　91 岁

12 月

《王士菁文集》(1—4 卷)由首都师范大学出版社出版。该书汇集了作者历时半个多世纪的主要作品。第一卷中的《鲁迅传》和《瞿秋白传》是中国人自己写的关于这两位伟人的第一部传记。《深切的怀念》是纪念冯雪峰、王任叔、李何林等尊师挚友的文章。第二卷包含《鲁迅的爱和憎》《鲁迅的探索与追求——从爱国主义到共产主义》《鲁迅创作道路初探》。第三卷包含两部历史小说《雨霖铃》《小天堂的毁灭》。第四卷包含《中国文学史——从屈原到鲁迅的通俗讲话》《中国字体变迁史简编》。

《鲁迅大辞典》由人民文学出版社出版，任副主编(主编林默涵)。

2011 年　93 岁

2 月

撰写《诗圣杜甫》，由河南大学出版社出版。此书与《杜诗便览》《杜诗今注》不同，主要着重于对杜甫及其诗篇的解读，彰显杜甫忧国忧民的伟大人格和出众才华，并以此书纪念闻一多先生和萧涤非先生。

10 月

编著《杜甫词典》，由河南大学出版社出版。

2012 年　94 岁

《鲁迅传》（上、下），由生活·读书·新知三联书店再版。收入《三联经典文库》。

2014 年　96 岁

3 月

《王士菁文集》（续编）由北京燕山出版社出版。此续编包含《古神话钩沉》《韧斋诗话》。

2016 年　98 岁

10 月 25 日凌晨，于北京无疾而终，寿终正寝。

10 月 28 日，于北京八宝山革命公墓礼堂举行遗体告别仪式暨追悼会。国家文物局、北京鲁迅博物馆、中国作家协会、中国社会科学院、人民文学出版社、中国现代文学馆、北京市社会科学院、北京大学西南联大校友会敬献花圈与挽联。

王士菁著作目录

《粟裕将军》王士菁编著，华中新华书店，1948 年 1 月

《鲁迅传》王士菁著，新知书店，1948 年 1 月

《鲁迅传》王士菁著，生活·读书·新知上海联合发行所，1949 年 6 月

《一个农民翻身的故事》青山（王士菁笔名）著，海燕书店刊行，1950 年 1 月

《斯大林之歌》伊沙可夫斯基、兑青那著，卢明、青山（王士菁笔名）译，新华书店，1950 年 4 月

《往来在六塘河上》王士菁著，新华书店华东分店，1950 年 9 月

《鲁迅》（收入《中国历史小丛书》）王士菁著，北京三联书店，1951 年

《鲁迅——他的生平和创作》王士菁著，中国青年出版社，1958 年 5 月

《唐代诗歌》王士菁著，人民文学出版社，1959 年 4 月

《鲁迅传》王士菁著，中国青年出版社，1959年10月

《鲁迅——伟大的革命家、思想家和文学家》王士菁著，作家出版社，1962年

《唐代诗歌》王士菁著，作家出版社，1964年5月

《鲁迅早期五篇论文注译》王士菁，天津人民出版社，1978年8月

《鲁迅创作道路初探》王士菁著，中国社会科学出版社，1981年6月

《鲁迅的爱和憎》王士菁著，天津人民出版社，1982年10月

《鲁迅传》（朝鲜文）王士菁著，外文出版社，1982年

《鲁迅传》（英文版）王士菁著，外文出版社，1984年

《瞿秋白传》王士菁著，四川人民出版社，1985年5月

《杜诗便览》王士菁编辑，四川文艺出版社，1986年4月

《鲁迅读本》王士菁选编，上海教育出版社，1986年11月

《鲁迅传》（孟加拉文）王士菁著，外文出版社，1986年

《鲁迅传》（阿拉伯文）王士菁著，外文出版社，1991年

《雨霖铃》王士菁著，陕西人民出版社，1992年3月

《唐代文学史略》王士菁著，湖南师范大学出版社，1992年4月

《杜诗今注》王士菁著，巴蜀书社，1999年12月

《小天堂的毁灭》王士菁著，人民文学出版社，2000年6月

《中国文学史——从屈原到鲁迅的通俗讲话》王士菁著，中国工人出版社，2002年9月

《唐诗类选》王士菁选注，人民文学出版社，2006年11月

《中国字体变迁史简编》王士菁著，文物出版社，2006年12月

《王士菁文集》（1—4卷），首都师范大学出版社，2009年12月

《诗圣杜甫》王士菁著，河南大学出版社，2011年2月

《杜甫词典》王士菁编著，河南大学出版社，2011 年 10 月

《鲁迅传》（上、下）王士菁著，生活·读书·新知三联书店，2012 年 6 月

《王士菁文集》（续编），北京燕山出版社，2014 年 3 月

〔附〕

为鼓励、培养鲁迅研究的人才，为他们的研究成果写序，并推荐出版，如：

1981 年为北京鲁迅博物馆陈漱渝的《民族魂——鲁迅的一生》所作《小引》；

1987 年为北京鲁迅博物馆李允经的《鲁迅与中外美术》所作《小引》；

1991 年为绍兴鲁迅师范专科学校谢德铣编的《鲁迅作品方言辞典》所作《小引》；

1995 年为北京鲁迅博物馆靳邦杰、王世家主编的《中学语文课本鲁迅作品详解》（二册）作序，并亲自联系出版社解决出版事宜。

王士菁先生追悼词

王士菁先生为江苏沭阳人,1918 年 3 月出生。当时的中国积贫积弱,饱受帝国主义列强欺压,中华民族的精英们正在寻找救国救民的出路。抗战爆发时,正在中学读书的王士菁先生也被迫逃离家乡沭阳,辗转求学,于 1939 年考入西南联合大学外语系,因为仰慕闻一多、朱自清等先生的人品与学问,又转读于中文系,得以亲耳聆听闻一多、朱自清等先生的教诲,不仅增长了广博的学识,也为此后的学术研究奠定基础。同时,王士菁先生深深受到老师们爱国主义和民主思想的感召,最终走上革命道路,成为一个忧国忧民、正直而富有良知的知识分子代表。

在当时的中国文坛上,鲁迅先生以一支铁笔写下无数杂文,展示着疾恶如仇的风骨,挺立于众多文豪之中,被毛泽东主席赞誉为"中国的脊梁"。王士菁先生在西南联大遍读鲁迅先生的著述,被这种荡涤丑恶现象的大无畏精神所感动,开始着手进行鲁迅研究。1946 年,还在学生时代的王士菁先生满怀激情,挥毫写出了第一部中国人自己的《鲁迅传》,较为全面地介绍了鲁迅先生的生平,阐述了鲁迅精神。这部《鲁迅传》得到鲁迅先生家属的充分肯定，鲁迅先生的夫人许广平女士专门为此书写了前言，鲁迅先生的弟弟周建人先生则为此书写了后记。这部著作一经出版，在当时就引起学术界的高度关注，产生了广泛的社会影响。

在西南联合大学毕业后，王士菁先生在大西南短暂停留后，长途奔波，回到故乡，执笔从戎，参加人民解放军，为解放战争的胜利而浴血奋战。他在中国人民解放军十兵团任战地记者时，深入敌后，冒着枪林弹雨，出色完成了《淮海报》社的各项报导任务，并因此荣立二等功一次。

全国解放以后，王士菁先生脱下军装，再次从事文职工作。鲁迅先生的挚友冯雪峰同志，慧眼发现了青年王士菁是研究鲁迅、传播鲁迅精神的优秀人才，从 1950 年开始，将王士菁先生从上海调任北京专门负责《鲁迅全集》的编辑、出版和研究工作。王士菁先生历任鲁迅著作编刊社主任、人民文学出版社鲁迅著作编辑室主任及人民文学出版社副总编辑等职。对鲁迅著作的编辑、注释和出版，任务艰巨，工作繁杂，特别是对相关的注释工作，难度极大。鲁迅先生知识渊博，行文苦涩，为了使广大读者能够读懂鲁迅，使广大青年了解鲁迅，增强青年爱国主义和民族自强的精神，王士菁先生呕心沥血，在注释工作中投入大量心血、时间和精力，可以说他的一生与鲁迅紧紧相连，是当之无愧的鲁迅研究专家。

1966 年，十年浩劫爆发，王士菁先生首当其冲，受到点名批判。随后又受到长期关押和批斗，面对这场浩劫，王士菁先生运用鲁迅先生的“韧的”战法，既不柔软屈服，也不刚烈而折断，用韧劲来对抗令人难以忍受的折磨和羞辱，显示了一个优秀共产党员的优秀品质。在此后的湖北咸宁五七干校里，面对夏季酷暑，冬季严寒，超体力强度的劳动，王士菁先生更是坦然从容地应付过去。

1973年，王士菁先生特别受邀来到广西大学工作，为边疆贫困地区培养了大批文学青年。他在鲁迅研究领域中的才华也进一步得到展示。此后陆续发表了《鲁迅早期五篇论文注译》《鲁迅创作道路初探》《鲁迅的爱和憎》等一系列研究鲁迅著作的成果，进一步推进了鲁迅研究的不断深入。

1975年，鲁迅先生的儿子周海婴请示毛主席调回散落各地的鲁迅研究专家，其中就有王士菁先生，毛主席亲自签阅。1979年经中国社科院副院长周扬上报胡耀邦，王士菁先生由此被调回北京，先后在中国社科院文学所和北京鲁迅博物馆工作。这时他仍然从事鲁迅研究，如在担任北京鲁迅博物馆馆长时，为推动鲁迅博物馆的建设发挥了核心领导作用，使北京鲁迅博物馆的建设走在了全国鲁迅博物馆、纪念馆的前列。他主持和参与了《鲁迅大辞典》《鲁迅年谱》《鲁迅手稿全集》《鲁迅研究资料》《鲁迅研究动态》等多种书籍和刊物的编辑出版工作。

另一方面，他还着手对与鲁迅先生相关的其他重要人物，如党对左联的领导瞿秋白同志，当时文坛著名人物郭沫若等着手进行研究，撰写了《瞿秋白传》，主持了《郭沫若全集》文学编的出版工作。这些成果，都为此后人们研究中国现代文学史奠定了坚实基础。

在从事鲁迅研究工作的同时，王士菁先生对中国古代文学也曾经加以较为深入的研究，撰写有《唐代诗歌》《唐代文学史略》及《中国文学史——从屈原到鲁迅的通俗讲话》等著作。此外，王士菁先生还创作了两部历史小说，一部是《雨霖铃》，以杨贵妃为主角，仿照的是鲁迅先生《故事新编》的体例。另一部是《小天堂的毁灭》，这部小说则是以太平天国运动为背景，纪念的却是老领导和老朋友冯雪峰先生。

王士菁先生为人正直，从来不会为得到私利而与人结交，好友之间的交往也很淡泊。而一旦被他认为是朋友的人，就是在各种政治运动中落难，他也不会与之绝交，划清界限，而是交往如初。

王士菁先生生活极为俭朴，饮食很少大鱼大肉，既不喝酒也不抽烟，饭后仅有清茶一杯。往往是一支毛笔、一本古帖，研墨临帖，自得其乐。

王士菁先生的衣着也是如此，一件粗布衣，穿破了补好，补好又穿破，反复多次都不舍得丢掉。所穿衣服也不讲求样式和品牌，自家缝制，合身即好。

王士菁先生的一生，正如鲁迅所说的，“吃的是草，挤出的是奶”。孺子牛的精神是鲁迅精神，也是王士菁先生一生追求、力行的精神。这种精神，在物质生活极大丰富的今天，已经很少见到了，但王士菁先生却一直坚持到逝去。

淮水滔滔，沭河荡荡，就像是我们对王士菁先生的思念之长。松柏挺拔，傲雪凌霜，就像是王士菁先生远去的身影坚毅无比。让我们的思念就像那沭河的水，奔流不竭，绵远悠长。

2016 年 10 月

王士菁追悼会敬献花圈名录及挽联

追悼会礼堂门前挽联：

生于患难之世，抗战求学，投身革命，百年功业存书史；

逝于安寝之时，一生廉洁，正直坦荡，浩然长气满乾坤。

一、亲属敬献花圈及挽联

1. 夫人杨立平痛挽

百年同舟，风雨飘摇历坎坷，共度劫难；

一生无悔，爱妻教子皆有成，两心相安。

2. 长女王晓明、女婿钟喜翔叩挽

慈父远去，留下毕生家训；

清正为人，淡泊最是亲情。

3. 长子王向明、儿媳毕燕玲 率女王傲飞叩挽

忠厚正直，百世留著清风；

荣辱不惊，一生坦荡泰然。

4. 次女王佳、女婿李扬 率女李夏叩挽

十年浩劫，西南暂避，厉瘴酷暑加人祸；

回京随侍，亲聆风范，苦尽甘来奉天年。

5. 次子王岗、儿媳李薇 率子王缔功叩挽

谆谆教导，年幼未懂仍牢记，立身为本；

谨言力行，音容笑貌今犹在，受益终生。

6. 小女王宁、女婿董泗 率子董理叩挽

大爱无声，以身作则，一生力行为师表；

泽被经年，舐犊情深，慈爱常昭忆终身。

7. 外孙女张若璇、外孙婿李文旭 率子李巴赫叩挽

慈爱博学，祖荫浩荡，教诲多年；

音容宛在，囡囡熊满，谨记一生。

8. 外甥女陈立萍、外甥婿林野 率子林铿、女林岚敬挽

长辈风范，高山仰止；

亲慈子孝，戚友归心。

9. 外甥陈立莘、外甥媳李婵洁 率女陈亚君敬挽

仁厚长者，今人景仰；

立身清正，晚辈钦依。

10. 外甥葛念、外甥媳王静 率女耿梦璇、子耿直敬挽

百余载生涯，为家为国为民众，几番沉浮为人杰；

几十年追随，是舅是父是良师，一生正气是贤人。

11. 外甥女耿立华、外甥耿立明、耿立超敬挽

百年沧桑，世事恍然转眼后；

离家已久，亲情犹如在目前。

12. 孙辈张若璇、李夏、王傲飞、王缔功、董理叩挽

心系子孙，关怀备至；

谆谆叮嘱，犹萦耳畔。

13. 侄孙葛远征、葛仪征敬挽

爷爷大人安息吧

14. 梁凤珍敬挽

亲家王士菁大人千古

15. 李明俊、杨良云携全家敬挽

亲家王士菁安息

二、单位敬献花圈

1. 国家文物局敬挽 沉痛悼念王士菁同志

2. 北京鲁迅博物馆敬挽 沉痛悼念王士菁同志

3. 北京鲁迅博物馆退休干部敬挽 沉痛悼念王士菁同志

4. 人民文学出版社敬挽 沉痛悼念王士菁同志

5. 中国社会科学院文学所敬挽 沉痛悼念王士菁同志

6. 中国社会科学院研究生院敬挽 沉痛悼念王士菁同志

7. 中国现代文学馆敬挽 沉痛悼念王士菁同志

8. 中国作家协会敬挽 沉痛悼念王士菁同志

9. 北京大学西南联大校友会敬挽 沉痛悼念王士菁同志

10. 北京市社会科学院敬挽 沉痛悼念王士菁先生

11. 北京市社科院历史所敬挽 沉痛悼念王士菁先生

三、朋友及晚辈敬献花圈

1. 老友马识途：至交马识途携女吴翠兰敬挽 沉痛悼念王士菁同志

2. 老友金涛：王士菁音容永存 老友金涛敬挽

3. 老友黄葵：王士菁一路走好 老友黄葵敬挽

4. 老友靳邦杰：王士菁走好 老友靳邦杰敬挽

5. 老友何赋秾:悼念士菁老师 晚何赋秾敬挽

6. 老友张小鼎:老友王士菁走好 张小鼎敬挽

7. 老友邹青:深切缅怀王士菁 老友邹青敬挽

8. 人民文学出版社:王士菁先生千古 陈早春敬挽

9. 人民文学出版社:张小鼎、陈建根、周达宝、袁榴庄、谢施基敬挽

10. 门弟子杨义敬挽 永远铭记王士菁恩师,弘扬鲁迅文化精神

11. 曾文济携全家敬挽 沉痛悼念王士菁同志

12. 晚辈曾琰、曾宁宁敬挽 王伯伯千古

13. 晚辈王以都敬挽 深切缅怀王伯伯

14. 黎红缨、路鹏率路晓梦、路晓晴敬挽 敬爱的文学尊师王士菁伯伯一路走好

15. 晚辈邓云、李力:沉痛悼念王老先生 晚辈邓云、李力敬挽

16. 晚辈胡小林、钟作英敬挽 永远怀念王老先生

17. 晚辈王秀川敬挽 永远怀念王伯伯

后　记

2016年，王士菁先生逝世，享年九十九岁。一年多来，学界同仁、博物馆同事撰写多篇文字，深切缅怀王先生的品德和业绩。

2018年是王士菁先生诞辰一百周年，我们将这些文字结集，和王先生部分未刊书信一起出版，以缅怀先生，寄托哀思；同时启示来者，学习先生高洁的品格和崇高的风范。

王士菁先生是我国第一代鲁迅研究专家，他青年时代写作中国第一部中文《鲁迅传》，影响深远。他是鲁迅研究的开拓者，更是鲁迅事业的继承者，毕其一生弘扬鲁迅精神并身体力行。王士菁先生是渊博的学者，在中国古典文学方面有深入的研究和探索。他曾担任人民文学出版社副总编辑、主管鲁迅著作编辑室和古典文学编辑部的工作，离休前担任鲁迅博物馆馆长、顾问。先生为鲁迅著作编辑、出版和研究投入巨大精力，为传播鲁迅文化遗产、弘扬鲁迅精神做出了重要贡献。

王士菁先生为人正直坦荡，光明磊落，不谋私利，两袖清风，只有无私贡献，从不伸手索取。他对国家对人民对家人无限热爱，对同事对朋友仁厚宽和，对青年人热诚关怀培养提携。从百多岁的马识途老先生到曾经的中青年同事朋友及学生，他们在文章中勾勒出王士菁先生的经历、精神、为人、品格、业绩和贡献。

王士菁先生以九十九岁的高龄仙逝，与他同辈的人几乎都已经不在，我们获取资料的渠道很有限，因此，向曾经与王先生生活工作在不同时期和单位的同事、朋友约稿，得到了他们热情的帮助和支持。王先生的家属提供了很多珍贵的资料并编写了王先生生平简表。张小鼎先生、叶淑穗女士、王世家先生、张梦阳先生对简表做了补充和修改，付出了很多时间和精力；特别是张小鼎先生，从全书的策划到约稿，都给予了大力支持。孙郁先生和陈早春先生原意撰写纪念文章，因为身体原因，未能成稿。在此，谨向各位先生表示衷心的感谢！

王士菁先生虽然已经离去，但他的精神永远与我们同在！

北京鲁迅博物馆

2018年8月